文化殿堂
大众讲堂

明州大讲堂

第三辑

胡春波　陆幸幸　主编

国家图书馆出版社

图书在版编目（CIP）数据

明州大讲堂（第三辑）/ 胡春波, 陆幸幸主编 . — 北京 : 国家图书馆出版社 , 2020.11

ISBN 978-7-5013-6933-1

Ⅰ . ①明… Ⅱ . ①胡…②陆… Ⅲ . ①社会科学－文集

Ⅳ . ① C53

中国版本图书馆 CIP 数据核字（2020）第 017973 号

书　　名	明州大讲堂（第三辑）	
编　　者	胡春波　　陆幸幸　主编	
责任编辑	邓咏秋　　张　颀	
编辑助理	张晴池	
封面设计	懿萱工作室	

出版发行　国家图书馆出版社（北京市西城区文津街 7 号　　100034）
　　　　　　（原书目文献出版社　北京图书馆出版社）
　　　　　　010-66114536　63802249　nlcpress@nlc.cn（邮购）

网　　址	http://www.nlcpress.com	
排　　版	九章文化	
印　　装	北京市金康利印刷有限公司	
版　　次	2020 年 11 月第 1 版　2020 年 11 月第 1 次印刷	

开　　本	787×1092（毫米）　1/16	
印　　张	14.25	
字　　数	198 千字	

书　　号	ISBN 978-7-5013-6933-1	
定　　价	78.00 元	

明州大讲堂（第三辑）
编辑委员会

主　编：胡春波　　陆幸幸
编　委：王　欣　　藤浩霞

序：聆听，打开视野之窗

宁波市鄞州区图书馆单独建制已有30年历史。从最初位于甬港北路的老馆到现在钱湖南路的新馆，与这座日新月异的城市一样，鄞州区图书馆发生了翻天覆地的变化。这离不开政府多年来对文化事业的投入与支持，也离不开鄞图人几十年如一日付出的辛劳与智慧。

在资讯极其发达、阅读越来越呈现碎片化的今天，图书馆早已不仅仅是读者与书之间的互通平台，还是市民的公共文化空间，具有引领民众阅读、传播各种专业知识的教化功能。这些年，宁波市政府为建设书香宁波，做了很多积极创新的探索举措。鄞州区图书馆在这方面同样做了大量有益的工作，"明州大讲堂"就是其中的一个亮点。

随着时代的发展，传统的阅读形式已远远不能满足民众的需求，如果说电子书打破了纸质书一统天下的格局，那么听书无疑解放了我们的眼睛和双手。听，既可以是个体的、小众的，也可以是集体的、大众的。为此，鄞州图书馆在建设好线上数字图书馆的同时，还定期邀请不同领域的专家学者前来明州大讲堂做讲座。日积月累，不但培养了一批忠实的听众，还留存了许多宝贵的录音资料。为了让这些优质的讲座资源为更多人服务，在编辑出版了《明州大讲堂》第一、二辑之后，我们又完成了第三辑的编辑工作。本辑（第三辑）收入2016—2019年明州大讲堂的部分讲座内容，系根据当时的录音资料整理而成，以最大限度地保持讲座的原汁原味。

纵观本辑，内容丰富多彩，涉及历史、人文、科学等方方面面。比如请鄞州老乡，也是"风云四号"气象卫星的总设计师董瑶海来讲"中国气象卫星及其应用"，让神秘的高不可攀又略显枯燥的气象卫星知识接了地气。请吴波尔女士来讲他爷爷吴经熊这位宁波籍国际法学家的传奇人生，自然是最合适不过了。

　　近些年，王阳明的心学有一大批研究者和追随者，宁波人对王阳明这位先贤很是敬重。明州大讲堂推出"王阳明心学的理论结构"讲座，深受阳明心学爱好者的欢迎。我们也曾推出谈鄞州区碑碣、摩崖的讲座，虽然内容比较专业，但是相信通过深入浅出的讲座，大家会为我们鄞州有着如此丰厚的历史文化底蕴而感到骄傲。

　　在讲座内容上，鄞图人注重知识性、故事性及实用性。像"我们曾经年轻"等讲座就有较强的故事性，讲述知青一代的故事，同一时代，不同人的命运，不禁让人唏嘘不已。"英语学习方法漫谈"之类就归于实用性了，满足了不同听众的需求。

　　从办讲座到整理为纸质书出版，这是另一种方式的回归。相比较听讲座时的风过耳畔，纸质书的优势在于它有温度，可以定格时光，可以传承，还给我们提供了一个可以反复温习、深入了解的机会。这也是鄞图人为什么要把大讲堂内容整理编辑成图书出版的原因。

　　一座城市的文化建设非一朝一夕就能急就而成，而是和风细雨般的渗透，潜入每个人心里。想了解一座城市，最快捷的途径就是去当地的博物馆、图书馆和书店。作为文化载体平台之一的图书馆肩负重任，而每一次讲座，犹如播撒知识的种子。

　　回首往昔，鄞州区图书馆多年如一日打造"明州大讲堂"这个品牌，使它具有连续性、多样性、丰富性的特点，提高了鄞图的知名度，为宁波的精神文明建设做出了自己的贡献。

期待明州大讲堂在保持现有风格的同时，更进一步发挥它的"播撒"功能，线上线下同步发展。让更多的人了解大讲堂、走进大讲堂、喜欢大讲堂，在聆听中开阔视野，收获知识，增加文化自信。

胡春波　陆幸幸

2020年8月1日

目　录

谈古论今篇

王阳明心学的理论结构

□ 吴　光

主讲人简介：吴光，曾任浙江社会科学院哲学所所长、浙江国际阳明学研究中心主任、新加坡东亚哲学研究所专任研究员、中国人民大学国学院特聘教授兼博导；现为国家二级研究员、浙江省文史馆馆员、浙江大学国际马一浮人文研究中心执行主任，兼任浙江省儒学学会执行会长、中国孔子基金会副会长、国际儒联中国委员会副主任等职。曾多次应邀到日本、韩国、新加坡、美国、德国、马来西亚、澳大利亚等国家以及我国台湾、香港、澳门地区访问、讲学、研究。研究重点：儒学、阳明学、浙学。出版专著12部，发表论文近300篇；主编《王阳明全集》《黄宗羲全集》《刘宗周全集》《马一浮全集》，并主编"阳明学研究丛书"及20多部论文集。

主持人，各位老师、各位朋友，大家好！

鄞州，其实对于我不算太陌生。因为我在研究黄宗羲和浙东学派时，从上世纪的80年代开始，经常看到鄞县这个名字，而且在地方志县志里面我看《鄞县志》也比较多，鄞州很多历史人物都相当著名。比如南宋的黄震、王应麟，清代的"万氏八龙"（万斯年、万斯大、万斯程、万斯祯、万斯昌、万斯选、万斯备、万斯同），还有南宋史氏一门三宰相（史浩、史弥远、史嵩之，这三宰相在历史上有很多事迹，也是鄞州的著名人物）。近代就更多了，所以，我感到鄞州是一个历史悠久、人文荟萃、人才济济的县，现在是宁波市一个区。

从上世纪的80年代开始，我研究王阳明、黄宗羲和清代浙东学派，确实接触了不少鄞州的历史人物，所以对历史抱着一种肃然起敬的态度。今天我们要讲王阳明，刚才主持人说了，习近平总书记多次讲到王阳明，对王阳明的"知行合一"讲得最多，前后大概讲了二十多次，也讲"致良知"。今天我给大家除了讲"致良知""知行合一"之外，还要着重讲一讲"明德亲民"，这是王阳明政治思想中的一个主要观念。

一、王阳明的坎坷一生及其历史评价

王阳明（1472—1529）的一生是很曲折的，有坎坷也有殊荣。坎坷就是他28岁中了进士以后在朝廷为官，因为反对宦官刘瑾，被贬到贵州的龙场驿，就是现在贵州修文县那个地方。他做乡村邮政站的站长，也叫龙场驿丞。这个官有多大？大概是不入流的，县太爷是七品官，龙场驿丞大概是个九品官。他在这个地方待了两年多。王阳明从小就立志学圣贤。他认为读书不是为了做官，读书是要学圣贤。到后来王阳明平定了位于江西、湖南、广东、福建四省之间即以江西南赣（南安、赣州两府）为中心的交界地区的匪患之后，被皇帝下诏书封为都察院左佥督御史。平定宁王朱宸濠叛乱后被皇帝封为新建伯，兼南京兵部尚书，得到了殊荣。但是由于他的战功很大，甚至功高震主而受到很多人的妒忌，许多人反对他，因此在王阳明去世的时候，本来朝廷按规定应该有一些抚恤和一定规格的葬礼，但这些待遇皇帝并没有给他。比如说封他为新建伯，新建伯应该享受的待遇，他没有享受，甚至被剥夺了这个爵位。但是在他去世38年以后，朝廷又重新肯定了王阳明的功绩，封他为新建侯。生前是新建伯，死后为新建侯，这是一个更高的爵位，给他的谥号叫"文成"。所以《四库全书》里面王阳明全集叫《王文成全书》或者叫《王文成公全书》，皇帝的诏书中称誉他是"文武全才""宇宙人豪"，一般的学者讲他是"真三不朽"，"三不朽"就是立德、立言、立功。但是在清初，王阳明和阳明学研究是不受重视的，受重视的是程朱理学。所以在清初的时候王阳明的学说是被贬低的。到了清末和民国的时候，王阳明重新红起来了，受到了广泛的称誉。比如说章太炎、康有为、谭嗣同、梁启超，这些人对王阳明的评价都很高。

到1949年新中国建立以后，人们对阳明学认识不够客观，一些教科书，比如说《中国哲学史》《中国思想通史》给王阳明扣了三顶帽子，第一顶帽子说他是主观唯心主义的哲学家，封建落后的、反动的思想家。所谓主观唯心主义，跟朱熹客观唯心主义是相对的，因为朱熹要格物穷理，求理于外，而王阳明呢？向内求理，求理于心，所以讲他是主观唯心主义哲学家。

在1980年一次中国哲学史学会的会议上，我第一个对"主观唯心主义等于反动，唯物主义等于进步"这个所谓"哲学的党性"提出了质疑。1980年10月1日的《光明日报》上发表了我的发言摘录，当时引起了很大的争议。现在大学里面哲学的教科书一般会提到唯心主义、唯物主义，但不再说唯心主义等于反动，唯物主义等于进步。

给王阳明加的另外两顶帽子是镇压农民起义的刽子手和镇压少数民族起义的刽子手。其实按我的评价，他不是镇压农民起义，而是当时许多人在深山老林、经济落后的地区落草为寇，就是当土匪。也可能之前当土匪有很多理由，比如说官逼民反，但是一旦当了土匪以后就扰民、害民，给当地社会民生造成很大的危害。于是王阳明由朝廷派遣平定了四省交界地区的土匪作乱，所以我说王阳明一生大功是"打三土"：第一个"土"是土匪。第二个"土"是土豪。所谓土豪就是称霸南昌地区的明王朝宗室亲王朱宸濠，其率十万大军造反作乱，被王阳明的三万人平定，这是"打土豪"。第三是"土司"。过去讲他在广西镇压少数民族起义，其实那是以土司为首的一些人蒙骗了少数民族，不服中央朝廷的管教，起来造反。所以王阳明镇压的是一些犯上作乱的土司。他首先分化土司内部，然后利用土司去打土司，最后把广西长期以来危害地方的土司作乱给平定了，所以这是他的三大功。

新中国成立后至1979年，在批判封建文化的大背景下，王阳明思想受到了清算和批判。

从上世纪80年代开始，解放思想、拨乱反正，学术界对王阳明的思想和历史地位重新作了评价。为王阳明翻案的工作可以说是我们浙江学者带的头。那时候老一辈的学者，像原来省社科院院长，后来是杭州大学校长的沈善洪先生，还有后来任省社科院院长的王凤贤先生，他们带头重新评价王阳明。我们浙江在1981年开了一个全国性的宋明理学的研讨会，对王阳明及其学说提出重新评价。但是那时候解放思想也不够彻底，讲王阳明思想时充满了矛盾。一方面认为他的思想，比方说知行合一、致良知有解放思想之功，在思想上突破了程朱理学的条条框框；另一方面还是认为王阳明的思想是为维护封建统治阶级的根本利益服务的，就是维护统治阶级的利益。所以80年代所谓的解放思想，重新评价王阳明，仅限于对王阳明思想的积极意义和消极意义的两分法，即所谓的一分为二。但是到后来，就逐步把王阳明头上的三顶帽子摘掉了。我们现在对王阳明，可以说他有五个"伟大"：伟大的哲学家、伟大的思想家、伟大的军事家、伟大的政治家、伟大的教育家。

习近平总书记对王阳明思想、阳明心学十分重视，他还提出要建立共产党人的"心学"。在贵州的时候他讲，我们对王阳明，要敬重他，要学习他，真正做到知行合一。

我对阳明心学也有比较系统的梳理，在中纪委曾经作过一个演讲，叫"简说王阳明的心学"，后来应中纪委主管的中国方正出版社之约，与我的学生张宏敏、金伟东合著一本叫《王阳明的人生智慧》的小书。这本《王阳明的人生智慧》，从《王阳明全集》里面选出100句作为王阳明的人生智慧，然后对100句进行解读。这本书的样书刚刚出来，即将公开发行。如果大家有兴趣，可以读一读这本书。

在80年代到90年代期间，我们浙江省的学者还做了一件大事，就是组织一个中日学者联合考察团——"王明明遗迹考察团"（日本以冈田武彦[①]先生为首），走遍全国八个省（自治区）、两个市，八个省就是江苏、安徽、浙江、江西、广东、广西、福建、湖南这八个省（自治区），两个市就是北京和上海。王阳明所走过的这"八省二市"，中日学

---

① 冈田武彦先生是日本研究王阳明的权威学者，他发愿要沿着王阳明的足迹，走遍当年王阳明在中国走过的道路，最后他在90多岁的时候，大约走了95%，还有5%的一些小地方没能走成，他在不到100岁的时候去世了。这位老先生对王阳明怀着深厚的感情。

者联合考察团都走过了。行程将近3万里，这是一次大规模的实地考察。

王阳明一生的命运及其思想学说的遭遇是曲折坎坷的。自他从政的明朝开始一直到现在，在各个不同的历史时期，对他的一生和他的理论学说始终是褒贬不一，充满矛盾。我们现在可以说，阳明心学目前已经成为一个显学。所谓显学，几乎全国各地都重视王阳明、阳明心学，都参加到阳明学的研究和实践里面去，这方面可能贵州是做得最好的。陈敏尔原来是我们浙江省委宣传部部长，后来到贵州当省长，现在当省委书记。他对贵州王阳明的研究非常重视，在贵州建立了孔学堂，建立了一系列阳明学的研究组织，比如说阳明学会、研究阳明文化的研究院、王阳明大讲堂，还创办贵州修文阳明文化节、中国阳明文化园。修文县拿出3000亩土地供浙商去开发阳明文化。把贵州当作阳明学的发祥地，从一定的意义上来讲这个说法也是对的，也是能成立的。但是我们浙江毕竟是王阳明成长地和王阳明死后的埋葬地，也是王阳明学说的一个总结地，例如王阳明的"四句教"就在此诞生。浙江是王阳明长期生活的一个地方，他在贵州只生活了两年多一点、三年不到，而在浙江他生活了半辈子，所以浙江同样是阳明学的发祥地，光讲贵州是发祥地是不够的，浙江也是阳明学的发祥地。现在阳明学成为显学，不仅是贵州，江西上个月也成立了王阳明研究会。王阳明一生主要的事功活动是在江西，我讲的打土匪、打土豪都是在江西。王阳明最重要的学说"致良知"，也是50岁的时候在江西提出来的。他说他的"致良知"是从百死千难中得来的，是他一生讲学的宗旨，所以现在江西好几个地方政府都开始投入对王阳明学说的研究。阳明学从一定的意义上现在已经成为一种显学。

现在我们正式开始讲王阳明。

二、王阳明和阳明学的当代定位

王阳明是什么人，什么叫阳明学？这个问题是在了解王阳明之前必须要解决的一个问题。王阳明是什么人，我前面已经讲过，他是伟大的哲学家、思想家、军事家、政治家和教育家，也是继孔子、孟子、朱熹之后中国最有影响的儒家思想家和教育家。有人说王阳明是儒家第一人，这个说法是有点夸大的。我们讲王阳明不能给他无限抬高，讲第一人，第一人当然是孔子，怎么能是王阳明？他是继孔子、孟子、朱熹之后的。也有人说王阳明学说是儒学真脉，而程朱是别子为宗，不是儒学真脉，这个说法也是不能成立的。程朱也好，王阳明也好，都是儒学真脉，都是一个阶段儒家思想的一个高峰。程朱是宋代，王阳明是明代儒学的一个高峰。我们不能够因为研究王阳明就贬低其他知名的儒学家。所以我讲他是继孔孟朱熹之后中国最有影响的儒家思想家和教育家。他有一位弟子叫黄绾，也是他的儿女亲家，在为王阳明平反的一个奏折里面，他就讲王阳明是"功高而见忌讳"，即功高震主，就被人嫉妒；"学古而人不识"，即他的学说非常古朴，但是人们不理解，因此受到种种的刁难和压制。王阳明基本上就是这么一个人。他生在余姚，一生的活动在北京、江西和广东等地，死在江西的南安，就是现在的大余县的青龙铺，当时属南安府。最后埋葬的地方就是我们绍兴的兰亭附近一个叫仙霞山的地方，很多人都不知道王阳明的墓在那里。

1986年我陪日本学者考察王阳明墓的时候有一个故事。当时是绍兴的国际旅行社负责接待我们，我们问接待人王阳明的墓在哪里，他说不知道王阳明。我说王阳明也叫王守仁，他也不知道王守仁，说："王思任我们这里有一个，是不是就是王守仁呢？"我们说王思任是一个文学家，王阳明是一个思想家，不是同一个人，他说那就不知道了。我让他把当地的文管会的领导找来，于是文管会的主任来了，他还是知道王阳明的。但王阳明墓的具体位置他不知道，他就给我们找了一个老农民，绍兴郊区的老农民，然后他带我们到王阳明墓那里去拜祭。当时是一片荒山野草，根本不知道墓在哪个地方。于是我们这个王阳明遗迹考察团的全体人员，就对着这个山、对着两棵大松树拜祭王阳明。在拜祭的时候，冈田先生动情了，流下了眼泪，当时我是浙江省社科院哲学所的所长，陪同他祭拜。我就问："冈田先生，你为什么这么激动呢？"他说他一生流过三次眼泪：第一次是父亲去世的时候；第二次是读到刘蕺山（宗周）①为明朝灭亡绝食而死，他深受感动，流下了眼泪；第三次就是寻找王阳明墓、王阳明的遗迹，但是没有找到，感到心里有点难过，就流下了眼泪。

结束的时候，他就问："你们中国方面是不是可以把王阳明墓修复起来？"我说："这要做一些工作，如果你们能出一点资金来资助，我可以成全，来启动王阳明墓的修复工作。"他说："好的，你们拿出这个墓的修复计划来，我就在日本福冈市发起民众来捐助。"于是我对绍兴县的副县长和文化局长说："你们能不能把王阳明墓修复？先成立一个修建委员会，然后拿出一个墓的设计图纸，我就在报纸上给你们宣传一下，写一篇报道。"后来绍兴县非常重视，他们就建立了修建委员会，请我做首席顾问，然后他们请南京工学院的一个设计师来设计了王阳明墓。王阳明墓在《山阴县志》里面是有记载的，墓的形制、范围都有记载，设计师根据那个记载设计了王阳明墓。这个设计图拿出来以后，我就在《浙江日报》登了一条简讯，说绍兴县要修复王阳明墓。我

① 刘宗周是明代的一位大儒。

把几份材料寄给冈田先生，冈田先生很高兴，看到修复王阳明墓是有希望的，于是他就在日本福冈市发动了募捐，最后募到100多个人，从老市长、新市长，到普通的企业家和普通的市民，100多人捐了300多万日元，相当于我们人民币9万多元钱。绍兴县自己也花了10万块钱，将近20万块钱，就把这个墓修起来，在中间还有很多事。冈田先生为这事到中国来过三次，和我们设计人员一起座谈，一起来看墓址、遗址，最后把这个墓修起来。

可是有点遗憾的是，这个墓修复以后没有得到很好的保护。后来那个墓碑就被划得乱七八糟，墓也荒凉了。再后来那座山（仙霞山）卖给一个企业家了，企业家就在那边造房子。我们曾设想在王阳明墓园旁造一个王阳明的陈列馆，但没有造起来。当时我提议立一块碑。既然是日本这么多人捐助来修墓，应该立一个碑，要把日本这些捐助者的姓名刻在上面。于是碑的正面是讲"重修王阳明墓碑记"，背面刻了日本人的姓名，但是有许多"爱国者"，他们认为把这些日本人名字刻上去是丢我们中国人的脸，因此他们就向领导反映，最后柯桥区的领导就把王阳明墓的碑给移掉了，直到现在还没有立起来。我今年年初的时候到那儿去看了，我说这个碑怎么没有了呢？他们说是领导的意见。我说这个意见是不对的，王阳明墓的修复体现了中日人民之间的友好，在我们宁波地区，在余姚，有好多日本人捐助的遗迹。比如说朱舜水纪念碑也是日本人捐助的，他们都能实事求是地说这个历史，为什么我们这个碑不能立？立这个碑实事求是记录历史，为什么要把它移掉呢？我认为移掉是不对的。因此我在一些会议上就呼吁，应该把这个墓碑重新恢复起来。这是我的看法，因为这是反映了中日人民之间的友好，尽管目前中日关系有问题，但这是一时的，不是长期的。中日人民之间世世代代都要友好下去。

在这方面，贵州也碰到一个问题。就是冈田先生他们捐助贵州修文县的王阳明祠堂的一个铜像，有一个领导听到反映，认为这个铜像立在这里，是日本人捐赠的，太显眼了，想把它移掉。后来贵州一些学者呼吁不能够移掉，这是反映了两国人民的友好，最后向修文县的领导反映，他们接受了学者的意见，那个铜像照样还摆在那个地方，作为一个纪念。可是在我们柯桥这里把墓碑给移掉了，我希望能够把它恢复起来。

王阳明一生"文武双全"，是"真三不朽"。简单来说有四大事功，第一是平乱，平定了朱宸濠的宗室之乱。第二是平匪。第三是设县，设立了三个县，他平定这些地方的土匪作乱之后，设立了广东的和平县、福建的平和县、江西的崇义县，这三个县现在还在。设立这三个新的县之后，对当地经济社会的发展和文教事业的发展有很大的促进。当地的人民就在王阳明当年平定茶寮土匪的那个地方立了一块碑，我们的考察团获得了平茶寮碑的拓片。当地还建立了王阳明祠堂。第四就是讲学，建立了学派。王阳明的学派叫阳明后学，也叫王门后学，阳明后学从明代中期到明末，基本上有七大派。黄宗羲的《明儒学案》里面有详细的记载。有人说黄宗羲《明儒学案》有偏向性，因为黄宗羲是继承王阳明的学说，所以以阳明心学为重点。《明儒学案》一共62卷，其中28卷是讲王阳明和阳明后学的，所以阳明学实际上是明代学术的主体。在浙江形成"浙中王门"，在江西形成"江右王门"，在江苏形成两个王门，一个是"南中王门"，南中就是南京和苏州无锡这一带，还有一个泰州学派即"泰州王门"，还有南方王门，就是"粤闽王门"，即福建和广东的王门，北方山东这一带叫"北方王门"，还有楚中的湖南、湖北这一带叫"楚中王门"，一共形成七大阳明学学派。这也是王阳明的一大事功，即讲学、创建学派。最后还有一个叫"黔中王门"，黄宗羲在《明儒学案》里面没有仔细谈黔中王门，只谈到其中几个人，但是没有把它作为一大派来命名。后来经过贵州学者的发掘，认为"黔中"也应是阳明后学的一大派。我们浙江和贵州在王阳明研究方面通力合作，建立了一个机制叫"黔浙文化合作论坛"，是我倡议，经黔浙两省文史馆和儒学会领导协商建立的，着重研究贵州和浙江的王阳明学说及其影响。

什么叫阳明学？它在现代的定位是什么？王阳明的学说当然是自成一家的，他的影响超越明代且波及后世，风靡一时而传播中外。他的学说有很多说法，有王学、阳明学、阳明心学、阳明良知学等，甚至有的误解了王阳明、阳明学，叫阴阳学或者叫明阳学，这个也是笑话了。但是王阳明学说的影响确实是很大的。

如果我们现在要给王阳明和阳明学一个定位，我的理解是这样的：所谓阳明学就是由王阳明所奠定，他的弟子后学所传承发展，形成于明代中叶（因为王阳明是生于明代中叶），兴盛于明末，转型于明清之际，开新于近现代的阳明良知心学。所谓转型于明清之际，刘宗周、黄宗羲和浙东学派对王阳明的学说进行了新的阐述和创新，使其发生了转型，由阳明心学转型到清代实学，所以说转型于明清之际。所谓开新于近现代，近代的新儒家里面有一个主流派属于阳明新王学或者心学，贺麟、熊十力和他的一些弟子、牟宗三等所形成的近现代新儒家学派，属于阳明心学，所以说开新于近现代。为什么说是良知心学呢？因为它的本体命题，不是像陆九渊一样的"心即理"，不限于"心即理"，还进一步探索心的本体就是良知，良知就是天理，因此它是以良知为本体的一种心学，不是一般意义上的心学。心学有很多形态，有陆九渊的心学、陈白沙的心学、湛甘泉的心学。王阳明的心学就是以良知为本体的良知心学。

三、阳明心学的理论结构

我对王阳明的研究特别重视他的"明德亲民"的民本论，即王阳明的政治学说。我把王阳明的学说分作四大部分，即四大结构论。

（一）良知本体论

从心本体论到良知本体论。因为陆九渊说心即理，王阳明进一步讲心外无理、心外无事，但是王阳明要探索心的本体是什么。他说心的本体就是良知，良知就是天理。王阳明的心学起点是龙场悟道。所谓龙场悟道，悟的是格物致知，心即理、心外无理之道。钱德洪编的《年谱》里面讲到王阳明被贬到龙场、居夷处困之际，"因念圣人处此更有何道？忽中夜大悟格物致知之旨"，深更半夜因为外面突然下大雨、刮大风而悟得的格物致知是什么呢？说"圣人之道，吾性自足，向之求理于事物者，误也"，即向外求理不是正确的路。他年轻的时候在庭园格竹子，格了七天就生病了，那是向外界求理；后来他悟出来圣人之道吾性自足，向心之性去求理就行了，不必向外去求理。这就说心即理、心外无理。但是王阳明经过了一生的曲曲折折，到平定了朱宸濠之乱之后，在南昌讲学。他五十岁那一年在南昌讲学的时候，深感到"破山中贼易，破心中贼难"这么一个道理，认识到良知的重要性和致良知的必要性，于是提出"良知者心之本体"这么一个观点。心的本体是什么？是良知。他说"知是心之本体，心自然会知。见父自然知孝，见兄自然知悌，见孺子入井自然知恻隐，此便是良知，不假外求"，又说"吾心之良知即所谓天理也"，这是非常明确地提出了心的本体就是良知，良知即天理的观点。这个等同于天理的良知，归根到底是一个德性的本体，是一个道德本体。就像他所说的，"良知只是个是非之心，是非只是个好恶"，"良知只是一个天理自然明觉发见处，只是一个真诚恻怛，便是他本体。故致此良知之真诚恻怛，以事亲便是孝，致此良知之真诚恻怛以从兄便是弟"。孝悌只是一个良知，一个真诚恻怛。这就说明王阳明良知本体论的一个本质上的属性，就是道德的属性。王阳明对这个本体性的良知非常珍爱，说我这"良知之说，从百死千难中得来，非是容易见得到此"，"我此良知二字，实千古圣贤相传一点骨血也"，可见"良知"在王阳明的心学体系中是确立道德理性的一个本体，就是"心"的本体。所以我把阳明学定位为不同于一般心学的"阳明良知心学"。这个"良知"就是孔子思想的本体，以仁为体，以仁为根本之体，所以这个"良知"按照王阳明的说法，也就是"万物一体之仁"，从孔子的仁学里继承而来。

（二）"致良知"的方法论

王阳明"致良知"这三个字，他视之为一生为学的根本宗旨。钱德洪编的王阳明《年谱》说，阳明50岁这一年，"先生始揭致良知之教。遗书守益曰"，就是说写信给他的弟子周守益，"近来信得'致良知'三字，真圣门正法眼藏"。在王阳明看来，所谓"天理"就是内存于心的"良知"，也就是我们现在讲的道德自觉。要把握这个"天理"的根本方法，就是以"良知"作为标准去衡量一切事物，这样就能够认识事物的道理所在，这就叫"致良知"。

嘉靖四年（1525）王阳明54岁的时候，在写给他弟子和朋友的一封信《答顾东桥书》中论述"致良知"的含义说："鄙人所谓致知格物者，致吾心之良知于事事物物也。吾心之良知即所谓天理也，致吾心良知之天理于事事物物，则事事物物皆得其理矣。致吾心之良知者，致知也。事事物物皆得其理者，格物也。是合心与理而为一者也。"所以他心物合一、知行合一，是从对良知的体悟中得出来的。

王阳明又说"千思万虑，只是要致良知"，"致良知是学问的大头脑，是圣人教人第一义"，"吾平生讲学只是致良知三字"，他说平生讲学就是"致良知"三个字。说"仁，人心也。良知之诚爱恻怛处便是仁，无诚爱恻怛之心，亦无良知可致矣"，所以良知在本质上就是一个仁，良知就是仁人之心，也就是天地万物一体之理。所以王阳明的"致良知"学说，是从孔子和孟子"仁"本体论这个学说中继承而来的，他并没有离开这个孔子学，所以有人讲阳明心学是伪学的说法是完全错误的。王阳明的学说是继承孔孟学说而来的。

（三）"知行合一"的实践论

王阳明在讨论知行关系的时候讲了很多，最主要的是这么几句话。一个是"知是行的主意，行是知的工夫。知者行之始，行者知之成。圣学只一个工夫，知行不可分作两事"，即知和行是一个工夫，不能分作两件事情。"知是真切笃实处即是行，行之明觉精察处即是知。……真知即所以为行"，真正的"知"一开始便是"行"了。"不行不足谓之知"，如果没有实践的行动就不算是真正的"知"，真正的"知"一开始就是能够"行"，并且必须"行"的。所以王阳明的知行合一的学说，大意有这么三点。第一，知行只是一个工夫，不能割裂。所谓"工夫"，就是认知和实践的过程，知行是一个认知和实践的过程。第二，知行关系是辩证的统一，"知"是"行"的出发点，是指导"行"的，而真正的"知"不但能"行"，而且是已在"行"了；"行"是"知"的归宿，是实现知的，而真切笃实的"行"已自有明觉精察的"知"在起作用了。"行"是"知"的归宿，是实现"知"的。第三，知行合一重在"行"。王阳明虽然讲知行不可分，但实际上他更重视"行"，讲力行实践的工夫。他的后学黄宗羲在论说王阳明"致良知"说的时候作了一个解读，说阳明"以圣人教人只是一个行，如博学、审问、慎思、明辨皆是行也。笃行之者，行此数者不已是也。先生致之于事物，致字即是行字，以救空空穷理，只在知上讨个分晓之非"（黄宗羲《明儒学案》卷十《姚江学案序》）。这里说"圣人教人只是一个行"，"致字即是行字"。于是，"致良知"便是"行良知"了。

（四）"明德亲民"的"民本"论

这是王阳明良知学说在政治实践中的运用。王阳明的"民本"思想是在解读《大学》的首句，即"大学之道，在明明德，在亲民，在止于至善"。二程和朱熹就对《大学》的首句作了一个修改，把"在亲民"改成"在新民"。但是王阳明不同意程朱作这样的修改，而是主张恢复《大学》古本的说法。所以现在讲《大学》有不同版本，如果说他是讲"在新民"三个字，那肯定是程朱理学的传统，如果"在亲民"肯定是王阳明学说的传统。而所谓《大学》的古本就是东汉的经学家郑玄注《大学》的版本。王阳明要坚持恢复《大学》古本的原貌，坚持"在亲民"之说。他解释"在亲民"的意思是什么呢？"亲民犹《孟子》'亲亲仁民'"之谓，就像孟子亲亲仁民，对人民的仁爱，"亲之即仁之也"。又如孔子言"修己以安百姓"，"修己"便是"明明德"，"安百姓"便是"亲民"。所以王阳明的"亲民学说"包含了三层意思，他不光是在讲解《大学》的时候说，他在另外的地方也这样说，比如王阳明的弟子南大吉在做绍兴知府时建立了一个亲民堂，王阳明为他写了《亲民堂记》以阐述其"亲民"思想。

大体而言，这个"亲民学说"有三层含义。第一是爱民保民。王阳明说，"君子贤其贤而亲其亲"，"如保赤子"，就是说，应该像君子尊贤爱亲那样爱护人民，应像父母保护婴儿那样保护人民。第二是顺应民心。王阳明说："民之所好好之，民之所恶恶之。"就是说对老百姓所喜欢的你就喜欢，老百姓所讨厌的，你就讨厌，王阳明说"此之谓民之父母"，真正做到代表人民的利益才能称得上人民父母。我们拿这个标准去衡量我们的地方长官，他是不是想人民所想，急人民之所急，代表人民的利益，能够做到爱民和保民，这是一个标准。是否亲民，就是这个地方官够不够资格成为民之父母的一个标准。所以王阳明像历代儒家思想家一样是"民本"主义者。在他看来，统治者是否合格的标准，就在于他是否能以人民之好恶为好恶，即是否能顺应民心。第三是安民富民。王阳明解释孔子"修己以安百姓"之言说，"修己"便是"明明德"，"安百姓"便是"亲民"。所谓"安百姓"，就是保持社会稳定，使黎民百姓安居乐业、生活富足。所以王阳明显然继承了孔孟的民本思想而体现了其良知学说的"民本"特质。这是王阳明政治论的基本思想，"亲民"，就像孔子的"修己""安百姓"，孟子的"亲亲而仁民"。

四、阳明心学的基本精神

阳明学的基本精神是什么呢？我曾经在接受贵州电视台采访的时候，说明代理学的根本精神在王阳明，而阳明学的根本精神就在于"良知"。王阳明的"良知"精神表现在如下的四个方面。

第一是他的道德理想主义精神。王阳明说"良知"即天理，是心之本体，是进入圣门的秘诀。用今天的话来说，这个"良知"就是阳明学的核心价值，"致良知"就是他的核心价值观，也就是文化自信、道德自觉。这正是儒家的道德理想主义精神。第二是"以民为本"的人文精神。主要表现在王阳明对《大学》古本的恢复。他认为《大学》古本是"在亲民","亲民"的意思就是孟子所说的"亲亲而仁民、亲之即仁之",也就是孔子说的"修己以安百姓",所以这种以民为本的仁爱精神,正体现的王阳明的人文精神。第三是和而不同的兼容精神。阳明学虽然与朱陆有差异,与佛老(佛教和道教)不同质,但他主张折中朱陆,会通佛老。第四是"知行合一"的力行实践精神。王阳明提倡的"知行合一""致良知",重点是放在"行"上,这正是一种力行实践的精神。

概言之,阳明学的精神就是以良知为核心价值的道德理想主义精神,以民为本的人文精神,和而不同、多元和谐的包容精神,知行合一的力行实践精神。

五、阳明学的当代意义

我们可以从阳明学的根本精神体会阳明学的当代意义,其要点有四。

第一,阳明学确立以道德良知为核心的道德自觉,对于救治当今社会道德滑坡、唯利是图、物欲横流的非人性化弊端无疑是一剂对症良药。当今社会存在着极端功利主义倾向,尤其是市场经济引进之后加剧了竞争,市场经济导向其实是功利的导向。功利导向如果没有道德的自觉,那就可能会走到歪路上去。一些企业家为了一己私利,不择手段,甚至在食品药品里面都造假,危害人民的健康。一些地方当政者一味地追求高速发展,把GDP作为衡量发展的唯一标准和所谓的政绩,结果也造成了一种普遍的弄虚作假现象,其背后的目的就是为了升官发财。企业家一心追求利润财富,进行竭泽而渔式的开发,结果造成严重的环境污染,危害人民的生存条件,比如说现在普遍出现的雾霾。现在我们应提倡有节制的适度发展，而不是一味地提倡无限的发展。生态平衡问题，不仅是人和自然的一种平衡，还要理解为人和人之间、人文生态的平衡。所以我们要像王阳明教导的那样"致吾心良知之天理于事事物物，则事事物物皆得其理"，现在我们致吾心良知之天理于生态文明的建设，生态文明的建设就得其理了。所以我们要树立正确的义利观与发展观，要抛弃昧着良心求"发展"的虚荣心态。尤其对领导者来讲，这是一个警示，不要昧着良心去求发展。"致良知"就是要讲良知，知行合一就是理论和行动要一致，不要知行脱节——说的是一套，做的是另一套。

第二，阳明学提倡"亲民"、重视民生的思想主张，这在当今社会中尤其显得重要。儒学传统历来强调以民为本，推行仁政。王阳明的良知心学高扬主体精神，启发了明清之际以黄宗羲为代表的民主启蒙思潮。尤其是宁波地区，我们对王阳明和黄宗羲都有相当程度的了解。黄宗羲民主启蒙思想从哪里来的呢？有多个来源。比如说宋代邓牧的"民本"思想，孟子的"民本"思想、"民贵君轻"的思想，还有一个是王阳明的"亲民"思想。黄宗羲在王阳明"亲民"思想基础上，明确提出了"天下为主，君为客"的民主思想命题。"浙江文化名人传记丛书"中的黄宗羲传是我写的，书名叫《天下为主——黄宗羲传》，当时出版社的一个责任编辑跟他们副总编提出，这个"天下为主"好像太通俗了不够雅致，我说恰恰这句话是非常雅致的，蕴含着深刻的道理。所谓"天下为主"，"天下"就是人民，天下是人民的天下，人民是天下的主宰。"君为客"，君是人民把你请来为人民服务的，如果你服务得不好，就可以把你开除，也就是可以把你推翻。所以"天下为主，君为客"恰恰是黄宗羲民主启蒙思想最核心的一个命题和观点，比起"为天下之大害者，君而已矣"这个命题还要更加深刻。因为"为天之大害者，君而已矣"，就是揭露了历代的君主是一个专制君主，以天下为私产，所以他成为天下人民的祸害。但是这句话还没有确立人民的主权，而"天下为主，君为客"就确定了人民的主权，主权在民的思想是民主思想的核心的内容。黄宗羲提出这个观点来，就预示着黄宗羲的思想已经从传统的"民本"思想走向现在的"民主"思想。所以在2006年"黄宗羲民本思想国际学说研讨会"（余姚）上，我提出把我们的论文集正书名叫作《从民本走向民主》，当时也碰到了一些不同的意见，但我还是坚持这一观点。黄宗羲的民主启蒙思想，比起孟子、王阳明的"民本"思想又迈进了一大步。我们这个时代是不是还需要黄宗羲的民主启蒙呢？不但需要，而且是急需的，可以说我们的启蒙路程还很远，现在可以说是后启蒙的时代。我们要发扬黄宗羲的民主启蒙的思想，这个时代需要充分肯定人民的主体作用，坚持民为主宰的民主精神。王阳明、黄宗羲的"亲民""民主"的思想，对现代中国走向民主仁爱的治理模式是有借鉴作用的。我曾经在《王阳明〈传习录〉的当代启示》（载2016年1月4日《中国纪检监察报》）一文中提出"民主仁政"的治理模式。我认为现在的治理模式，从王阳明"民本"到走向现代，我们应该坚持传统与现代的一种结合。传统是仁政，孔子、孟子一直到历代的儒家都坚持"仁政"的治理模式，像孔子讲的"道之以政，齐之以刑，民免而无耻；道之以德，齐之以礼，有耻且格"，最高的理想是"仁政"与"德治"。那么在当代，要建立一个什么样的治理模式呢？我认为应该建立一个"民主仁爱为体、礼法科技为用"的治理模式，即所谓"民主仁政"的治理模式。

第三，阳明学折中朱陆、会通佛老的"和而不同"精神，体现了一种多元包容的文化取向，为全球化时代的多元文化交流、沟通提供了历史的借鉴。现在学术界很活跃，尤其是有了微信之后，各种各样的人都发表学术见解和政治见解，都是一家之言，这也是一件好事。但是以《河殇》为代表的观点主张中国要拥抱蔚蓝色文明，放弃黄土文明这个老传统，这实际上是一种全盘西化论。还有一种是全盘东化论。什么叫作全盘东化论呢？他认为20世纪是西方的世纪，是西风压倒东风的世纪，而21世纪是中国的世纪，是东风压倒西风的世纪。我在1999年的时候就批评了这种所谓"30年河东、30年河西"的中国世纪论。我认为21世纪是东西方文明共同并存、多元和谐的一个世纪，不是西方文明一家独大，也不是东方文明一家独大，既不是西风压倒东风，也不是东风压倒西风，而是一个多元文明的和谐相处、共存并进的世界。我们不喜欢西方人统治我们，不希望西风能压倒东风，难道我们一定要东风去压倒西风吗？所谓"己所不欲，勿施于人"，孔子思想最强调的是仁道，也就是恕道。他的弟子向孔子提问说："有一言而行学知终身者乎？"孔子说："其恕乎！己所不欲，勿施于人。"孔子仁道最根本的就是一个"恕"字，"己所不欲，勿施于人"就是对"恕"的一个解释。概括来说，我认为"21世纪是多元文明共存并进的世纪"，我想强调的是多元文明的和谐相处，多元和谐的文化观。

第四，阳明学知行合一、力行实践的精神为我们坚持实事求是的思想路线和改革开放的既定国策，不断开创现代化建设的新局面提供了一种科学务实的思维方法和精神动力。现在不少官员是知行脱节的，不是知行合一的，台面上高喊廉政，暗地里贪污腐化。浙江杭州有个"许三多"市长，四川雅安有个"徐三多"书记，甚至我们的高层领导里面也有腐败分子。他们贪腐的程度确实不是一般人能想象得到的，这就是一种严重的知行脱节，没有良心、没有良知的表现，所以他们是人神共愤，当然最后也是身败名裂，遭到了应有的惩罚。但是他们的罪恶行径极大地破坏了党政军的形象与权威，甚至使得执政者公信力受到质疑。

在这种情况下，尤其有必要提倡"知良知""行良知"，提倡"知行合一"，以提升干部队伍的道德人文素质，使我们的执政党和人民政府真正做到"取信于民"，得到人民的衷心拥戴。我前年编了一本《干部儒学读本》。书中最核心的内容有两个方面：干部的修身立德、干部的治国理政。这本书受到了一定程度的欢迎。

近年来，习近平总书记多次提到王阳明及其思想，尤其重视"知行合一"的理念。他强调"知是基础、是前提，行是重点、是关键，必须以知促行、以行促知，做到知行合一"，这就是习近平对知行合一的重要论述。阳明学并不是一个僵死的学问，而是具有强大生命力和实践意义的鲜活文化，我们应当深入发掘并加以发扬光大。

今天我就讲这一些，谢谢大家，欢迎批评！

提问：吴老师好，我有两个问题想请教一下。第一个就是关于知和行的关系。有人说"知易行难"，知道这个事情比较容易，做起来就比较难；还有说"知难行易"。我想请问一下"知"和"行"哪一个更难？还有一个问题，想请教一下"龙场悟道"在阳明思想体系里面是什么样的位置？

吴光：知行关系在中国哲学史上是一大课题，古往今来很多人论述"知行"的关系。比如说在《尚书》里面讲"知之非艰，行之惟艰"，就是知易行难。到后来朱熹曾经提出过一个知和行的关系，"知先行后"，先有知后有行。到王阳明提出"知行合一"，王阳明之后的王船山（王夫之），他批评王阳明的"知行合一"，就讲"知行并进"，朱熹还有一个说法叫"知行相须"，即相互信赖的一个关系。最后是孙中山批评王阳明的"知行合一"，他提出了"知难行易"。但是各种提法实际上都有它的背景。古代在《尚书》里面可能强调的是行的重要，了解"知"的话并不很难，但是行动、实践这个事是很难的。而孙中山时代的背景，是急需要建立革命的理论。革命的实践固然重要，但是革命的理论指南更加重要，所以他就强调了"知难行易"。而王阳明讲"知行合一"，他认为真正的"知"已经包含"行"了，如果不"行"就不算是真正的"知"。

王阳明强调真知就是行，实际上他这个"知行合一"还落实在"行"上面。历史上"知行合一"的论述很复杂，有的讲"知行并重""知先行后"，但朱熹讲"知先行后"，王阳明实际上是针对朱熹而论的。"知先行后"把"知"和"行"就分作两件事情了，先有"知"后有"行"。在王阳明看来，真正的"知"就是已经在"行"了，不"行"就不能算真正的"知"。

至于"龙场悟道"这个问题讲得很多。要理解龙场悟道，首先要看王阳明的《年谱》讲的龙场悟道的经过，他得罪宦官以后被贬到龙场，作为一个龙场驿臣，那个驿站实际上是一个茅草棚。王阳明在那里条件非常艰苦，他就经常思考圣人之道，怎么能够获得圣人之道。他在年轻的时候格物，在庭院那里格竹子的道理，结果格了七天病了。因此他觉得圣人难做，因此他放弃。到龙场以后，他继续思考这个道理。在一个风雨交加的夜晚，他苦思冥想，突然想通了"格物致知"这个道，他所谓的"道"就是"格物致知"。就在这个夜晚他突然想通了，悟得"圣人之道，吾性自足，向之求理于事物者，误也"，意思是：圣人这个道是自我内在的心性决定的，向心性之外去求理是一个走不通的方法。

龙场悟道在王阳明学说中的地位是什么呢？意味着王阳明从程朱理学向阳明心学开始转变，是阳明心学的一个起点。再进一步，他在贵阳书院讲学的时候就讲"知行合一"，当时还没有提出"良知"。一直到他五十岁经过南赣剿匪和南昌平叛之后在南昌讲学时，才悟得了"良知之道"，提出"致良知"的为学宗旨，才悟得了"良知"本体论和"致良知"的方法论，才算完成了阳明良知心学的理论创新。所以，王阳明在贵阳的龙场悟道只是阳明心学的起点。

提问：吴老师你好，我想问一下中国封建社会有一些很负面的思想，比如说妇女不得改嫁这种思想，是从宋代以后出现的，这个思想是不是程朱理学所提倡的？

吴光：这个也是问到点子上了，是许多妇女的一种疑惑。妇女在儒学中的地位，确实历代儒家都曾讲到。比如说孔子讲了一句"唯女子与小人为难养也，近之则不逊，远之则怨"。因为过去"文革"期间是批判孔子轻视妇女的思想，现在要重新翻这个案。有人解释，"女子与小人为难养也"，这个"女子"不是女人，是孺子。实际上这是一个曲解。孔子所处的那个时代妇女地位确实是不高的。在当时妇女地位不高的情况下，是父权制为主的一种社会，孔子有这句话并不奇怪。我们不应拿现在男女平等这个观念，一定要勉强把孔子这个话解释成正确的。

那么程朱理学跟阳明心学，有没有局限性呢？也是有局限性的。比如说程朱他讲"饿死事小，失节事大"，这个"节"既包括对国家的忠诚的大节，也包括了妇女不贞，当时拿这句话去约束妇女。比如妇女死了丈夫的话，你要是再嫁人就是变节了，这个话其实不太符合孔孟那个时候对妇女的态度。即便孔子讲"唯女子与小人为难养也，近之则不逊，远之则怨"，你过分亲近的话他可能无法无天，但是你要是远离他的话，人家就对你有怨气了；但是在《礼记》里面没有不可改嫁这个说法，相反，妇女还是可以改嫁的。在传统里面，一直到宋代以前，没有特别强调妇女的节操，改嫁的妇女多得很。可是宋明理学家，他们确实搞了一个"道德万能"，"饿死事小，失节事大"。还提出了"存天理，灭人欲"这个口号。"存天理，灭人欲"实际上是宋明理学家对孔子思想的一种轻度的背离。因为你看先秦时代孔子、孟子那些儒家，没有一个人讲"灭人欲"，人欲是灭不了的，是客观存在的，但是宋明理学家却提出"存天理，灭人欲"。到了王阳明那里，提出"念念存天理，去人欲"，即事事要"存天理，去人欲"。尽管我很崇尚王阳明的学说，但是对这句话我是提出批评的。凡是要食人间烟火的人，都不可能做到事事、念念都"存天理，灭人欲"。"天理人欲"怎么解释呢？朱熹讲过穿衣吃饭是天理，要穿好衣、吃好饭就是"人欲"，看起来这话也是对的。穿衣吃饭你过分奢侈就是"人欲"了，但是其实奢侈是相对而言的。生产力发达和生产力不发达的时候，奢侈的标准不一样，比如说上世纪五六十年代所谓三大件，就是自行车、手表、缝纫机，这叫三大件。现在的三大件是汽车、洋房加股票，这三大件是人欲还是天理呢？应该是合理的欲望，人人都要有一个房子，买的房子大一点有什么不好呢？买一辆汽车来代步有什么不好呢？所以我们只能对"人欲"给一个限制词，叫过分奢侈的要求、膨胀的欲望，这是"人欲"。但是即便是过分膨胀的欲望，能不能灭掉呢？也是灭不掉的，甚至某种意义上，人的欲望是社会发展的一种动力。

历代的儒家是怎么限制过分的欲望的呢？就是用礼法去限制。超过了一般社会水平的欲望，是奢侈过分的要求。用礼、用法去限制它，也就是节制欲望。在先秦儒家都是提倡节制欲望的，没有提倡"灭人欲"，也没有人提出"去人欲"。"灭人欲""去人欲"是宋明理学家提出的，后来发展到以礼杀人、以理杀人，这对人性是一种桎梏。宋明理学家这个

"存天理，灭人欲"的观点，尽管有一些人把它解释成合理，但是在我看来是违背孔孟人文精神的。在一次讨论会上，有一位学者说"朱熹讲的存天理灭人欲，不是要老百姓存天理灭人欲，是要皇帝和大官去存天理灭人欲"。这个说法我也不赞同，我就问他："难道皇帝和大官不应该有一点人欲吗？三宫六院不行，讨一个老婆总是可以的吧？"所以我的观点就是：人欲是不能灭的，只能够是节制，节制那些过分膨胀的欲望。我们应该回到先秦孔孟的人文主义精神那里去，对"人欲"有一种合理的肯定，而用理法去节制其膨胀。当然这不是去为那些贪官辩护，贪官当然是不值得我们提倡。但是讲"灭人欲"，这个"灭"字有问题，并不符合先秦儒家的一个传统思想。包括对妇女的看法也是这样，讲"失节"，什么叫"节"，应该给它一个合理的"界定"。比如说很年轻就守寡，让她守一辈子寡，则是对人性的不人道桎梏。

（根据2016年11月30日的讲座录音资料整理）

剔藓访碑
——鄞州区碑碣、摩崖巡礼

□ 李本侹

主讲人简介：李本侹，宁波市鄞州区人，文博馆员，曾在多家文博单位工作，现就职于鄞州区文物保护管理中心。业余从事地方文史研究，善金石传拓，著有《宸奎阁碑铭考释》等。

各位读者下午好，今天我要讲的题目是"剔藓访碑——鄞州区碑碣、摩崖巡礼"。无论是碑碣，还是摩崖，都属于金石文化，是我国传统的优秀文化一部分。这里的"剔"，指的是剔除；这里的"藓"，指附着在碑上的苔藓、污垢，也指拨开历史的云雾，去寻觅石碑背后的故事。访碑是中国传统文化的重要组成部分，古代文人的人生信条中有"行千里路，读万卷书"之说，而行旅中访碑抄碑、通读碑文、了解历史、学习书法，是必不可少的事。有时候还会请拓工把碑文拓下来，在史料中也有很多文人墨客访碑的记载，比如大家所熟知的苏东坡等，经常外出访碑。今天，我们也追随历代文人的足迹，聊一聊鄞州区的碑刻文化，开启一段在鄞州区的访碑之旅。

一、相关的概念和称谓

在我们访碑行程之前，先了解一下碑刻的基础知识。我们常听到"碑碣"一词，它是指什么？摩崖又是指什么？其实，我们鄞州人，著名金石学家、曾担任过故宫博物院院长的马衡先生在他的专著《凡将斋金石丛稿》中已经讲得非常清楚，"刻石之特立者谓之碣，天然者谓之摩崖"。摩崖还是比较好理解的，就是在天然的石头上直接刻字，或者略为凿一平面后刻字，称为摩崖。碣，曹操写过"东临碣石，以观沧海"，这碣，是秦汉时期之物，是有一定的尺寸和形状要求的，我们宁波没有，就不扩展开说了。碑呢，原是庙门墓所所用，起源于东汉，当时的墓都很大很深，为了将棺椁吊下去，在墓的两边分别立起两块石头，称之为碑。其上部呈三角形，中间凿有一孔，绳子穿过孔，把棺椁慢慢放下去，起到支点的作用，这就是碑的雏形。最早的碑是没有文字的，逝者安葬好以后，这碑就没用了。后来在碑上刻了文字，记述逝者的生平。所以早期的汉碑，碑的上面还留有一个圆孔，后来碑的形式和用途也就多样了，主要还是记事，也有刻图画的。

下面来了解一下碑相关的名词：

碑阳，就是碑的正面。碑阴，就是碑的反面。碑侧，就是碑的两边。碑首，就是碑的上半部分，有圆首、圭首、平首、梯首、螭首等之分。碑首中间刻字的框称为天宫，里面通常用篆书写碑的碑名，因此也称为碑额、篆额。我们常能看到碑的下面有一个像大乌龟一样的动物，这统称为碑座，也可以称之为碑趺。相传龙生九子，其中一个儿子好负重，因此常置于碑之下，他的名字叫赑屃。很多碑的形制较为简单，一块梯形石条，上面立块碑。

二、数量问题

曾任民国时期鄞县通志馆编纂主任的马涯民在1936年鄞县文献展的《鄞县文献展览出品目录》序言中写道："曩中山大学征甬石刻，并楹联亭柱拓之得三千种。鄞邑碑碣之富可概见。"这句话告诉我们，鄞县境内的古代碑刻资源是极其丰富的。即使放在全国范围内来比，一点也不会逊色。当然，经过后来一些运动、"文革"，以及近些年城市改造，毁失了很多，但鄞州区的碑刻资源依旧比较丰富，在全市处于优势地位。

先来说碑刻资源。民国期间，鄞县文献管理委员会对鄞县的碑刻进行了统计，并派人进行了传拓。当然，当时的鄞县范围包括现在的海曙区、江东区以及江北区的城区部分，即原来的老三区和鄞州区。这批拓片展出了一段时间，是民国鄞县文献展的一个章节，现在这批东西移交给天一阁博物馆保存了，当然这是后话。当时的统计数据是碑刻

1000块，这其中汉代1块、唐代3块、宋代44块、元代24块、明代106块、清代618块、民国时期177块、待考27块。这其中去掉老三区，属于原来老鄞州区^①境内的碑刻约300块，占三分之一。

民国时期的统计标准和现在的有所差别。如果当时按现在的统计标准，数量还会更多。前两年，天一阁博物馆副馆长章国庆出了一本专著《宁波历代碑碣墓志汇编》。章馆长我认识，他工作特别认真严谨，是我个人佩服的一位学者。这本书对宁波元代之前的碑刻进行了收集整理，我认为其史料价值非常高，统计数据也非常接近真实情况。他的统计后的结果是全市元代之前碑刻272块，其中唐代41块、五代7块、北宋56块、南宋139块、元代29块，其中老鄞州区75块，占全市各县市区总数的四分之一以上，这个比例是非常高的。鄞州区全区现在到底有多少碑刻资源，没有人进行过统计，近两年我在做这件事，但因为纯属利用业余时间，还没做完。目前看来，即使是区域调整后的鄞州区，我估计其总量至少也在500块以上，在全市各县（市、区）仍属收藏大区。

关于摩崖石刻，我大概从2010年左右开始关注，开展一些实地调查，原计划是将全市摩崖石刻汇集成册的，后来因为种种原因没有实现。因此，我这个数据不一定非常准确，但也可以基本反映全市摩崖现存情况。我的调查是以单块为统计单位，全市共有140处，其中镇海13处、余姚18处、鄞州23处、象山23处、宁海17处、江北2处、海曙13处、奉化17处、慈溪12处。可见，鄞州区的摩崖石刻总量和象山一样，在全市处于领先位置。我们鄞州区的23处又是如何分布的呢？横溪4处、东钱湖1处、五乡5处、东吴13处。当然，原来属于鄞西的摩崖现在区

---

① 鄞州区原以奉化江为界，分为鄞东、鄞西。2016年，鄞州区曾进行区划调整，将鄞西划分给了海曙区。因此称区划调整前的鄞州区为"老鄞州区"。

划调整后都算海曙区了。

三、南北差异问题

南方碑刻和北方碑刻最大的差异就是碑刻的年代差异。我们必须清楚地认识到，因为历史的原因，南北方碑刻资源现状有着明显的区别。在北方，汉碑、晋碑很常见，唐代的碑更是多得满天飞了，因此，很多碑刻的专著，其对碑刻的截止收录年代往往就到唐代，即使有些收录到宋代，也只是收录一些书法价值高的名碑。北方很少有人去研究明清和民国时期的碑刻。

但在南方就不同，我们江南，特别是宁波，汉碑晋碑基本看不到，只是偶尔有那么几块。能有唐代的已经很了不起了，从宋代数量开始多起来，主要是明清的碑数量众多，民国时期的碑也比较多。

四、石材问题

我们宁波地区所常见的碑刻的石料，主要有梅园石、太湖石、汉白玉、青石等。

梅园石产自鄞西的梅园村，它是火山灰沉积岩，所以石材呈深灰色，表面遍布极细小的小孔，是宁波地方碑刻的主要石材之一。但它有一个特性，表面容易起壳，特别是越磨得光滑的碑面，越容易起壳。我们看待问题，不能有地方保护主义，现在很多地方文史研究者写到梅园石，都评说梅园石是最适宜刻碑的。关于这一点，我很早就提出疑问，梅园石到底好不好，是不是属于刻碑最好的？为此，我请教过很多刻碑师傅，也包括我的老师，得出的结论并非如此，这里就不扩展开说了。太湖石就比梅园石好，它更为细腻，无论是刻小字、大字，都非常适宜，刻法帖的，很多都选用太湖石。另一种石是汉白玉，呈白色，这类石头产自北方，所以北方很多，宁波也有发现，也比较适宜刻碑，但这类石头有一个特点，遇水极易风化，石头内有石茎，切割好后看不出，但若一淋雨，石茎会比石头更硬一些，非常明显。还有一种青石，其价格便宜一点，虽然不易风化，但表面大小孔很多，表面不平整，铺院子还可以，如果刻碑，笔画细的基本看不清。其他的还有红石，也叫蛇蟠石，在象山宁海一带常用此类石材刻碑，极易风化，我们鄞州区好像没发现过红石刻的碑。如果细分的话，还有大隐石、东钱湖石、奉化石、小溪石等，它们和梅园石不太容易分辩。也有使用水泥磨石子刻碑的，当然这种技术是在民国以后的事了。

五、碑的价值问题

什么样的碑是我们所通常讲的好碑呢？根据《中华人民共和国文物保护法》可以总结以下特点：①具有历史、艺术、科学价值的石刻；②与重大历史事件、革命运动或者著名人物有关的，以及具有重要纪念意义、教育意义或者史料价值；③历史上各时代珍贵的艺术品、工艺美术品；④历史上各时代重要的文献资料；⑤反映历史上各时代、各民族社会制度、社会生产、社会生活的代表性实物。

这样的表述，如何通俗地理解它呢？我把它简化了一点，就是我们所讲的碑刻，其年代是不是够早？当然是越早越好。级别高不高？是皇帝的御碑还是普通老百姓为某事刻块碑？当然级别是越高越好。碑额由谁写的，是不是有名；撰文的人是不是有名；写碑的人是不是有名；碑是不是名家所刻；有没有和重大事件有关，与重要人物有关；碑的材质好不好；碑的雕刻好不好；有没有关于碑的人文故事；碑还有没有其他特殊性；等等。我认为，只要满足一项有其特殊性，有一项是特别好的，就算一块好碑，当然，能多项同时满足，则此碑更具有文物价值。

前面我们讲了一些关于碑刻的基础性问题，以便于大家在下面的访碑之旅中更容易体会鄞州区碑刻的特殊性。那现在我们就正式开启今天的访碑之旅。

第一站，唐代。我们宁波范围内年代最早的碑刻是汉代的，原来有两处，一是鄞西四明山上的"四明山心"四字摩崖，原来所有的金石类专著都把它列为汉代，但现在文物部门称是宋代。这个已经在鄞西了，我们也就不扩展开说了。另一块是汉三老碑，出土于现在的慈溪市境内，原碑现在保存在杭州的西泠印社中。这碑不在鄞州区，也不详细介绍了，大家有所了解就好了。汉代至唐代之间，在北方，这期间的碑刻就发现很多，但我们整个宁波都没有发现过这期间的碑刻，所发现的碑刻年代直接从汉代跳到了唐代。我们鄞州区已知最早的碑也是在唐代。

据章国庆先生的统计，全宁波大约有唐代碑刻41块，鄞州区占6块，主要是墓志铭。如这块《唐故鄂州汉阳县尉刘府君墓志铭》，收藏在区文物保护管理中心（以下简称"区文保中心"），有墓志盖，盖上还雕有线刻花纹。我之前讲的南北方差异问题，在这里就有着非常明显的体现。在盖上刻花纹的北方有很多，也刻得非常精美。与北方相比，这块盖上花纹就刻得差了，但正因为南北方差异，我们南方，或者说我们宁波这类盖上刻有花纹并不多见，因此，这方墓志还是相当不错的。《唐故守右威卫长琅琊王府君墓志铭》也是唐代的，收藏在区文保中心。

◄▲唐故鄂州汉阳县尉刘府君墓志铭及墓志盖

下面这块就很特别，可以说是"宁波唐代第一碑"，在全国也具有一定影响力。请看，就是这块《大唐越州都督府鄮县阿育王寺常住田碑》，碑在阿育王寺舍利殿前庭，万齐融撰，大和七年（833）范的书。全文以魏晋南北朝的骈偶句式作文，范的的书法被评论为"飘若惊龙，游若浮云，法度严谨，笔力险峻，具有古韵"，此碑是其唯一的一件书法作品。上世纪八九十年代，由上海《书法》杂志组织评选，此碑被评为中国百块唐碑之一。其背阴是宋绍兴二十七年（1157）所刻的《妙喜泉铭》，由状元张九成撰铭并书写。《宋史》有传，刊立此碑是因为时任阿育王寺的住持大慧宗杲为解决寺院僧侣吃水问题，挖了一口泉。大慧宗杲是当时著名的二位高僧之一，对汉传佛教的延续和发展起过重要的作用。

▼大唐越州都督府鄮县阿育王寺常住田碑节选

鄞州区的宋碑是一大特色。鄞州区的宋碑，特别是南宋的碑刻数量较多，而且无论从书碑者还是刻碑者来看，其整体档次较高，从全国来看，也是有特色的。有代表性的如下：

《宋故宏智禅师妙光塔铭》，刻于绍兴二十九年（1159），南宋词人、书法家张孝祥书写，吏部尚书贺允中篆额。刚才讲了，当时有两位著名高僧，一位是大慧宗杲，另一位就是天童寺的宏智禅师。

《宋故淑人黎氏圹记》，刻于绍定元年（1228），是宋代丞相史弥远为其妻子所书，史丞相的手迹非常少，十分珍贵。

史浩的神道碑，碑头上有宋宁宗亲书的"纯诚厚德元老之碑"，分二排写，可惜现在残缺了。碑文是楼钥写的。原来一共六千字，可以想象曾经这块碑有多大。可惜的是，上世纪七十年代，农民在碑上烧稻草灰，使得碑上的文字基本上都没了。只有碑下部两侧还有少得可怜的一点点字。

"补陀洞天"摩崖石刻位于东钱湖小普陀，虽然无款，但因为洞是史岩之为其母亲所开凿的，史岩之是史氏"五尚书"之一，所以，这极有可能是史岩之的手笔，可以成为南宋摩崖石刻的代表。

鄞州区还有一批碑刻，如《明州阿育王山广利寺宸奎阁碑》《佛顶光明塔碑》《赠佛照禅师诗碑》《明州天童山景德寺转轮藏记》《明州天童山景德寺新僧堂记》《太白名山四字碑》等，这些都是宋代的碑刻，原来保存在天童寺和阿育王寺，很可惜，都在历史上毁掉了。但这些碑的拓片却随着海上丝绸之路，传到了日本，至今仍保存在日本。这些鄞州的碑刻拓片早在1911年，就开始印字帖，有些还出过好几个版本，比如《宸奎阁碑》就有日本版、台湾版、上海版、四川版等。我们鄞州区还有一些碑在民国就印过字帖，如天童寺的《冷香塔铭》，东钱湖的《济众亭记》等，因此，可以说我们鄞州区的碑很早就被国人所熟知，还影响到日本等国家和地区。

▶ 宋故宏智禅师妙光塔铭

元代的时间比较短，碑比较少，但鄞州区也有，以天童寺《万佛涂田记》等为代表。

明代的碑，首推自然就是《明故诚静包先生配孺人陈氏合葬墓志铭》，这块碑现在保护在区文保中心。其实明代的墓志宁波各地数量不少，这块好在哪里呢？大家看一下碑文，写得很清楚，这块碑上的篆书，都是嘉靖二十六年（1547）由吴中四才子之一的文徵明所书。他活了89岁，此碑是他77岁时所写，可以说是一件他晚年成熟时期的小楷和篆书书法作品，非常难得。

天童寺祖堂前有一块著名高僧密云圆悟写的《祖堂碑记》。明朝时，天童寺被洪水冲毁，寺院靠出卖田地存活，已经处于临近关闭的情况。崇祯年间，密云圆悟主持天童寺，在他的领导下，信众如云，寺院得以中兴。他剃度弟子三百余人，付法弟子有十二人，其中包括清初汉月法藏、木陈道忞、费隐道容、破山海明等，被誉为"日本文化恩人"的隐元禅师也是他的弟子。

清代的碑，数量众多，以庆安会馆收藏的《甬东天后宫碑记》为代表。我们都知道庆安会馆是世界文化遗产"中国大运河"遗产点之一。甬东天后宫就是庆安会馆的别称，其隔壁就是安澜会馆，两个会馆是南北船运各自的会馆场所，而《甬东天后宫碑记》记录了修建这座天后宫（现在的庆安会馆）的始末，因此具有重要的史料价值，成为运河遗产组成部分。这块碑和天一阁及镇海区（现存十七房）收藏的各一块碑一起，被列为省级文物保护单位。碑刻单独作为文物列入省级文物保护单位，也说明了这三块碑的重要性。

天童寺内有一御碑亭，亭中有五块御碑，就是皇帝写给天童寺的碑，四块是顺治皇帝的，一块是雍正皇帝的。御碑在宁波并不多，但天童寺一个亭子中保存了五块，整个宁波市唯此一处。即便是全省，也是少见的。

▲▼明故诚静包先生配孺人陈氏合葬墓铭

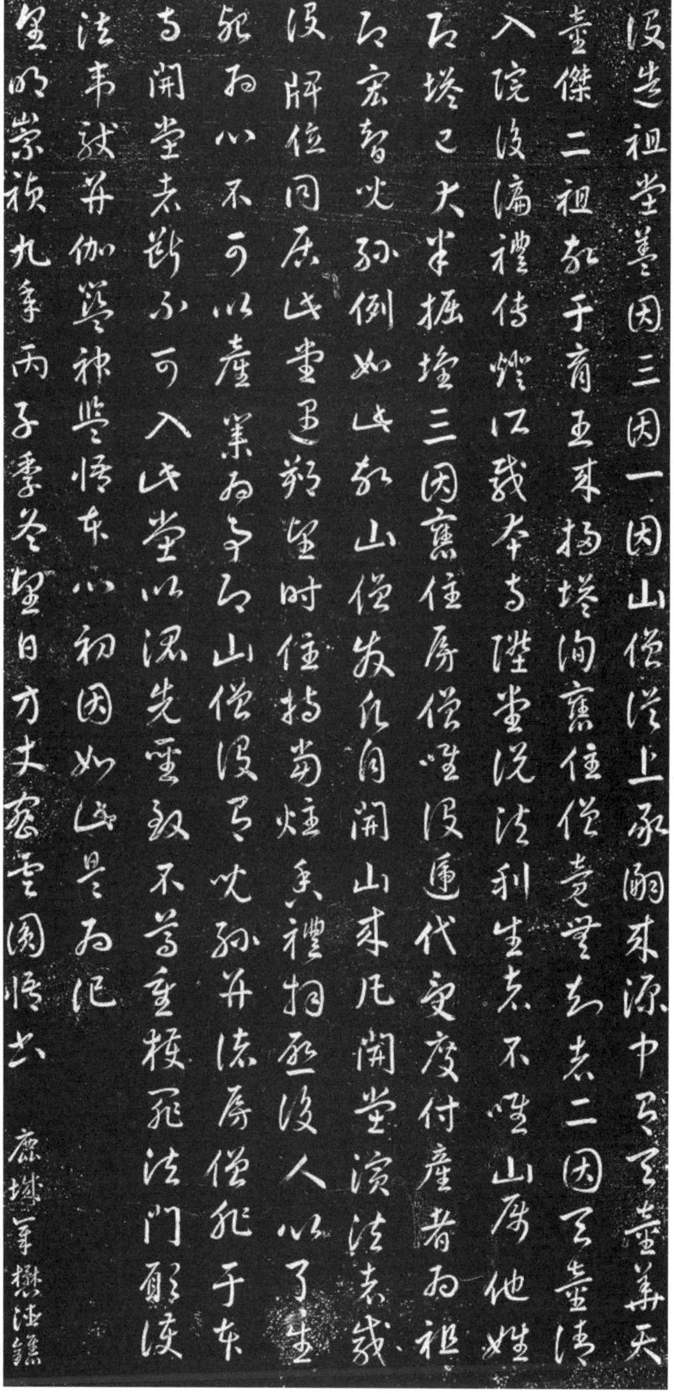

▶天童寺祖堂碑记

七塔寺收藏有五百罗汉画像，是嘉庆三年（1798）所刻，也是非常珍贵的文物。保存在庆安会馆里的《新建浙海大关记》见证了中国四大海关之一——浙海关的建筑过程。这些都是鄞州区清代碑刻中比较重要的碑刻，当然还有很多其他碑刻。

到了清末民国时期，鄞州区的碑刻不仅数量多，而且档次高，又成为一大特色。

这两块碑在横溪的金山村，非常有价值。发现时还有一段故事。我在读《沙孟海日记》时，发现金山村有一块钱罕写的碑。钱罕是民国时期慈城著名的书法家梅调鼎的学生，浙东书风的代表人物。因为金山村我没去过，我就想到去咨询朱永宁老师，他是宁波古桥梁研究专家，几乎跑遍了宁波的各个村落。我问他这块碑的事情，他说没特意关注，有没有他也忘了。但几天后，他来电话说，他特意去了金山村，钱罕写的碑《开通金山山道记》还在，内容是捐建山道的缘由经过，边上还有一块碑，是为此事捐款碑，刻的都是"某某人，捐多少钱"。我问他边上一块碑是谁写的，他说没落款。我当时就在想，同一件事，一块为著名书法家钱罕写的，那捐款碑的书写者不可能没名气。我说我要自己再去看一次。朱老师很客气，提出陪我再去，后来是他开的车上山。我记得那是一个冬天，山顶上全是雾凇，特别漂亮。后来经我考证，边上的这块《开通金山山道记捐款碑》是书坛泰斗沙孟海已知最早的一块石刻书迹，非常具有史料价值和艺术价值，此事引起了各界的关注。省书协主办的《沙孟海研究》刊发了研究文章，《宁波晚报》整版进行了报道。当然，我们鄞州区早期的沙孟海碑刻还有《童君墓表》等，也是非常重要的碑刻。

天童寺和阿育王寺收藏了大量的清末民国时期碑刻，而且质量都非常好，两个寺院各藏有一套十八罗汉。阿育王寺藏有由18块帖石组成的《金刚经及颂诗》。其他清末民国时期有名的碑刻还有：国学大师章太炎撰文、二十世纪十大书法家之一曾熙书写并篆额的《阿育王寺重修舍利殿记》，两江师范学堂监督、著名书法家李瑞清书写的《寄禅禅师冷香塔铭》，宁波著名书画家高振霄书写的《阿育王寺重修舍利殿碑》，中国佛教协会第一任会长圆瑛撰并书的《天童寺舍利塔记》。书画印大家吴昌硕、浙东书风开创人梅调鼎、林森（曾任民国政府主席）、许世英（曾任国务总理）、林翔（曾任最高法院院长）、国民党元老王柏龄、戴季陶等，都曾在鄞州留下碑刻文字。

▼开通金山山道记及捐款碑

▶天童玲珑岩甲秀径碑记

▲天童森林公园飞来峰
密集的摩崖石刻

　　鄞州区还有一个碑刻资源较为集中的地方，就是天童森林公园。其山道是民国时候建的，所以现在所遗存下来的碑刻、摩崖都是民国以后的。最为著名的是《天童玲珑岩甲秀径碑记》，它是由晚清四大词人之一朱孝臧书写的，非常难得。天童森林公园里的摩崖石刻很多，特别是飞来峰，三四米高这么小小的一块山岩上，密集地刊刻着6块摩崖石刻，而且有些还特别珍贵。如这块是国民党元老李根源的摩崖题记，当时他暂居苏州，常到上海等地游览，但查阅相关史料，都不曾有记载他来过宁波。但这块摩崖写得很清楚，他来过天童寺，因此可以补史料之缺。还有一块，是著名海派书画大家王一亭1925年来到这里时所写的一首诗，之前在他的诗集和年谱都没有发现有这首诗，因此也具有一定的史料价值。它边上就是由宁波商帮、民国时期上海中药四大户之一的蔡同德堂药号老板蔡雨潮写的一首诗。天童森林公园里属于宁波商帮的摩崖还不止这一块，其他如慈溪著名的"官酱园"老板朱祖炳写的"佛"字等。

鄞州区也有出色的现代碑刻。《鄞县经游记》刻于上世纪九十年代，是我们鄞州现代碑刻中最好的，没有第二。其实它是一块帖石，我们经常可以听到碑有"三绝碑"，而此帖石，也可认为是"四绝"。撰文的是宋代担任过鄞县县令的王安石，著名改革家、思想家、文学家。其内容是他在任职鄞县期间，考察鄞县各地时写的一篇日记，涉及鄞州区很多地方，他写的文章，内容之好，当然可以称为一绝。抄写者是有书坛泰斗之称的沙孟海，是其晚年的力作，书法好也可以称为一绝。此碑由著名刻碑名家黄良起先生所刻，黄良起来自苏州刻工世家，年轻时就和其父亲一起刊刻杭州岳坟的碑刻。他所刻的碑被西泠印社、普陀山等各地收藏。很多著名的书法家，如启功、刘海粟、沙孟海等都请他刻碑，因此此碑刻工好也可称为一绝。此碑是沙孟海为庆贺成立沙孟海书学院而特意写的，又亲自请黄良起刊刻，赠送给书学院的藏品，因此，此碑具有的人文历史内涵极为丰富，也可列为一绝。这就是此法帖的"四绝"。

前面介绍了鄞州区碑刻资源的概况，也对鄞州区的重要碑刻进行了介绍。那我们鄞州区碑刻资源到底有哪些特征呢？我把它总结为以下四点。

1.碑刻资源种类齐全，数量众多，且拥有一定数量的名碑。与全市各县市区相比，虽然鄞西分出去后数量有所减少，但仍有一定优势。

2.一批重要名碑较早被国内外所熟知，并一直保存至今。

3.涉及面广，尤其是宗教、慈善、民俗等方面，体现了鄞州区的文化和地域特色。

4.南宋墓所相关碑刻、近现代名人相关碑刻，都具有整体质量较高的特征，是碑刻中的两大亮点。

受时间限制，今天我们只是对鄞州区的碑刻资源有了一个粗略的了解。综合今天的内容，我最后以一句话作为总结：鄞州区有着丰富的碑刻资源，是宁波的碑刻资源大区；鄞州区碑刻资源有其自身的显著特色；鄞州区对碑刻资源的发掘才处于起步阶段，鄞州区对碑刻资源的调查和研究工作任重而道远。

（根据2017年12月6日的讲座录音资料整理）

《孙子兵法》的超常思维及其当代价值

□ 黄朴民

主讲人简介：黄朴民，浙江绍兴人，中国人民大学国学院教授、博士生导师，兼任中国史学会理事、中国孙子兵法研究会常务理事等。曾任中国人民大学历史系主任、历史学院书记、中国人民大学国学院执行院长、中国人民大学图书馆馆长。主要研究方向为中国古代思想史、中国军事史。代表性专著有：《春秋军事史》《天人合一》《先秦两汉兵学文化研究》、《中国文化发展史》(秦汉卷)、《孙子评传》《何休评传》《大一统：中国历代统一战略研究》《孙子兵法解读》《刀剑书写的永恒：中国传统军事文化散论》等；曾在《历史研究》《中国史研究》《文史》《文献》《学术月刊》《文史哲》《中国军事科学》等海内外各类刊物发表学术论文二百余篇。

我认为，中国文化方面有四本书是我们作为中国人所应该必读的。它们的总字数，加起来也就是3万字：第一本，就是中国文化的总源头，即《周易》，其中"经"这个部分约五千字；第二本，就是道家创始人老子的代表作，五千字的《道德经》；第三本，就是儒家的第一经典，记载孔子和他弟子言行的《论语》，它的篇幅稍微大一点，一万五千字；第四本，就是我们今天的主角《孙子兵法》，五千九百多字，有的版本则为六千多字，取一个概括的总数的话，也算是五千字。三本五千字加上一本一万五千字，这就是博大精深的中国文化核心中的核心，经典中的经典，是四根柱子，有了这四根柱子。整个框架就建立起来了。至于法家、墨家、阴阳家、名家、杂家等，我们可以把它们看成是砖头和瓦片。四根柱子加上这些砖头瓦片，就搭起了中国文化这座璀璨辉煌的殿堂。

《孙子兵法》体大思精，异彩纷呈。我在中国人民大学、南方科技大学、中国科学院大学都开设了"孙子兵法"这门课程，开一个学期，一个学期有17—18周，每周讲一次，每次两个小时，也就是说大概需要30多个小时才能讲完。我们今天的讲座，不到两个小时的时间，所以我们只能分享《孙子兵法》其中的一部分内容。

我认为，《孙子兵法》的精华是它的哲学思想，而其哲学思想中最值得人们关注的，是它的思想方法论，再缩小了讲，其最有价值、对今天最有启发的，是其另类思维，即超常思维、反向思维、逆向思维。

一、《孙子兵法》的基本特征

首先，我想讲一下《孙子兵法》核心宗旨问题。《孙子兵法》五千九百多字，其实可以把它归纳为三个特征，或者说它回答了三个基本的规律。

（一）《孙子兵法》是竞争博弈之道

第一个，《孙子兵法》讲的是竞争之道、博弈之道。战场上那种你死我活的厮杀，就是最残酷的竞争。我们今天的企业运作，商业经营，包括人际关系处理，实际上也是一种博弈，一种竞争。所以，只要是需要分出输赢、高下的地方，《孙子兵法》讲的道理都是贯通的。

竞争实际上就是两个层面，《孙子兵法》就是围绕这两个层面来讲的。第一个层面，是在动手之前的战略运筹问题，也就是我们经常所说的算计问题，包括战略预测、战略规划、战略分析、战略评估，最后还有战略选择。想要"运筹于帷幄之中"，我们做任何事情时，大概这几个步骤的工作是一定要做的：

第一，尽可能多地掌握信息。我们现在是大数据时代，数字化管理，数据丰富了，信息充分了，结论自然而然地基本上出来了，对胜负的趋势自然能做到心中有数，胸有成竹了。为什么曾国藩在用人之前，他一定要跟人家面谈一次，通过面谈，观察对方的言谈举止、相貌神态，从而做出判断，这个人是可以当团长还是当师长。孙子说："知彼知己，胜乃不殆；知天知地，胜乃可全。"这实际上就是信息的搜集与汇总。

第二，分析事情的利弊得失。在孙子看来，所有的事情都是利弊相杂的，世上万事万物没有绝对的利，也没有绝对的害，都是利中有害，害中有利，所以他说："智者之虑，必杂于利害"。要把利和害当作一个统一的整体来加以考量，见利思害，见害思利，面对任何东西，你在接受它的利益同时，也要容忍它的害。你如果排除了它的害，那么它的利也就拿不到了。最坏的东西，它也有有益的成分，最好的东西也有软肋。

比如核武器，当然是个坏东西，有了核武器，人类社会可以自我毁灭无数次。但是换一个角度看，它可能也是个好东西，有了核武器，像第一次世界大战、第二次世界大战这样的仗就不会再打起来了，因为打了第三次，就没有第四次了，大家同归于尽了，还有什么仗可打。所以最坏的东西反而带来一定的好处，即在恐怖阴影笼罩下维系了世界的和平。所以孙子就讲，在分析问题、进行决策时，要把利弊关系搞清楚。抓主要的利、抓核心的利、抓全局的利、抓长远的利，抓大放小。

第三，正确地预测事物发展的趋势。这一条特别重要，你要是没有看清楚趋势，该向左的时候你向右拐，那么你所有的付出都是白白浪费的，与你所要达到的目标是相背离的，劳而无功、适得其反。就像我们从宁波要去舟山，你得往东走，如果你坐上火车往绍兴方向走，那就麻烦大了。你是否能成功，取决于你是否拥有这种战略前瞻眼光。刘伯承元帅说，打仗与吃肉的道理是一样的，你嘴巴里面要吃一块肉，筷子里面要夹一块肉，眼睛里面要盯一块肉，心里面还要想一块肉。要未雨绸缪，不要临渴掘井。总之，无论是一个人、一个团队还是一个企业，如果没有战略前瞻眼光，那么就必然会处于被动的地位，成功对其而言永远是可望而不可即的。

第四，在决策之前，要正确评估竞争双方的实力。对方肯定有它的强项，也有它的软肋，我们有我们的优势，肯定也有短处，所有这些都要清醒地看到，做客观的分析，实事求是地评估。

最后，高明选择正确的突破方向。孙子在考虑问题和做决策的时候，其考量是全面的、系统的、综合的、整体的，但是在解决问题的时候，一定是抓重点、抓关键，反对平均使用力量。在孙子看来，面面俱到等于面面不俱到，什么都是重点，那就没有了重点，你不能眉毛胡子一把抓。所以选择正确的主攻方面，攻其一点，以点带面，触一发而动全身，中心突破，四面开花，这才是博弈上的正确做法。显而易见，《孙子兵法》的第一个特征，竞争之道，就是所谓运筹于帷幄之中。

竞争博弈的第二层含义，就是怎么巧妙实施、巧妙落实的问题，即在竞争的过程当中，怎么立足最坏的情况，以争取最好的结果。在博弈的过程当中，怎么合理地配置资源，扬长避短，避实击虚，怎么在坚持原则性的同时，能够灵活机动，不拘一格，通权达变，这说到底就是所谓的"决胜于千里之外"。

（二）《孙子兵法》是战略决策之道

《孙子兵法》的第二个特征和规律就是战略之道。中国古代的兵书可不是只有《孙子兵法》一本书，中国自古以来就有许多战争，兵书的种类和数量浩如烟海，十分可观。民国时期陆达节《历史兵书目录》统计下来是一两千种；许保林《中国兵书知见录》一书统计下来，有三千多种；我的朋友刘申宁教授比较夸张，他的《中国兵书总目》一书统计下来，多达四千种。我个人认为，一两千种是没有问题的。但是让我们在座的朋友列举兵书的话，除了《孙子兵法》，再外加似是而非的《三十六计》之外，恐怕不大举得出其他兵书的名字了。为什么大家都知道《孙子兵法》？重要的原因是绝大部分的兵书是讲战术的。战术这个东西，随着武器装备的发展、作战样式的改变、军队编制体制的调整，它会成为明日黄花。《孙子兵法》不一样，它虽然也有好多讲战术的内容，但是它的核心命题是讲战略，战略是宏观的，是抽象的，是超越时空的。孙子讲"知彼知己，百战不殆"，古今中外打仗都要讲知彼知己，这些理念是永远不会过时的。

《孙子兵法》五千言说到底是在回答战略的四个核心问题。第一个，事情做还是不做的问题。这是重中之重，许多事情有意义有价值，值得做，但是你环顾自身的条件，环顾客观的环境，你发现自己没有能力去做。所以只能忍痛割爱，或者暂时搁置，这就是做与不做。东西方思想文化传统有相似之处。我们知道英国有个伟大的戏剧家叫作莎士比亚，莎士比亚的代表作是什么？就是四大悲剧。四大悲剧的第一部是《哈姆雷特》。《哈姆雷特》一剧中的最关键、最核心的一句台词，是"生存还是死亡"（To be or not to be）。哈姆雷特这位王子为什么最后酿成人生的悲剧？就是因为他在做和不做之间老是瞻前顾后，患得患失，优柔寡断，投鼠忌器，最后陷入困境。他知道他的父亲被他叔父杀掉了，为了报仇，他应该杀他的叔父。但是他又犹豫了，为什么犹豫？因为他母亲又嫁给他的叔父了。如果把叔父杀掉，他的母亲要当第二次寡妇了。第二，虽然他叔父杀了他父亲，但是他从小就是叔父养大的，叔父于他有养育之恩。所以哈姆雷特在那里犹豫、徘徊，最后对谁都没好处。"做还是不做"，这是孙子围绕战略命题的第一个问题。

《孙子兵法》回答战略的第二个问题，是"何时做"。决定要做了，但是接下来什么时候介入，那是很有讲究的。过早地介入，中国有句老话，"枪打出头鸟"，你会成为众矢之的，成为矛盾的焦点，四面受敌，将陷入非常被动困难的境地。但是也不能过晚地做，过晚的话，我们中国也有老话，"过了这个村没有这个店了"，蛋糕已经分完了，你已经出局了、被边缘化了，再也没有什么机会了。所以，在孙子看来，把握时机，恰到好处，这就是解决何时做的精要妙道。

第三是"何地做"。做什么事情都有一个水土服不服的问题，在宁波可以做的事情在甘肃不一定能做，在美国可以做的事情在中国很可能就不能做。我们搞改革开放在东南沿海设立了不少特区，这些特区都起到了改革开放领头羊的作用，都取得了伟大的成就，其中最成功的地方，我个人认为一个是上海浦东，另一个是深圳。上海浦东开发为什么能搞起来？这与上海的悠久传统和历史文化积淀是分不开的。上海有百余年开埠的历史，那里的老百姓小资情调比较足，看电影要到大光明，喜欢吃西餐，游玩大世界，还会讲几句"洋泾浜英语"。深圳为什么上去了？深圳旁边是香港，无论是资讯的开放、劳动力的高素质还是观念的创新，都不是其他地方可以比拟的，这就是地域的优势。这就是何地做的问题。

第四个战略核心问题是"何人做"，由谁来做的问题。大家可能遇到过这种情况：有很好的规划，有很好的思路，但是环顾自己的团队，发现没有合适的人来领导，那么再好的计划也没有办法推行下去。毛泽东同志讲得对，思想政治路线决定以后，干部就是决定因素。兵熊熊一个，将熊熊一窝，置将不慎，一败涂地。千军易得，一将难求。由此可见，用人问题，是国家战略层面的问题。《孙子兵法》五千九百多个字讲的就是战略之道，所回答的就是这四个战略的核心命题。

（三）《孙子兵法》是将帅管理之道

将帅之道是什么？就是领导艺术或管理艺术，说白了就是权谋、管理与操控。所以我认为孙子兵法是适合领导干部学的。

汉朝的时候，普通官兵学的是《司马法》，就是军人守则、军官守则，里面规定得死死的，比如下级见上级要敬礼，军队前进到一个地方马上要布置岗哨、进行警戒，晚上要查岗、要对口令。做到了这些，你就是合格的军官、合格的士兵，这是规则。《孙子兵法》是谁学的？是少将以上的人学。我们现在的《孙子兵法》的法跟《司马法》的法都是法律的法，中文里面看不出区别，但是看英文就完全不一样。外国把《司马法》（*The Methods, the SIMA*）的"法"翻译成法律或者规则，而没有把《孙子兵法》的法翻译成规则、法律的，他翻译成什么？*Sunzi*，*Art of War*，战争艺术。艺术，意味着有自由发挥的空间，没有刻板统一的标准。

我经常用孙子兵法来对付我的学生，但是没有恶意。我在中国人民大学当教授，当博士生导师，每年要招新的博士生。这些能过关的学生，分数都考得不错，但也有短版，就是阅读量不够。他们的知识结构基本上都是教科书里的那些东西，应对考试是可以的，但是对以后写博士论文，是远远不够的。他们需要补课，需要看书，但是他们进了人大的门以后心态完全变了，船到码头车到站，不想太辛苦读太多的书，你叫他读书，他表面上答应得好好的，下去照样不读，阳奉阴违，你没有办法，怎么办？那就用《孙子兵法》对付他了。一般学生一来，我就找他谈话，谈话有三个内容。第一个，向他表示庆贺，不管怎么样，能到人大读几年博士，这是人生当中重要的经历，值得庆贺。第二个，跟他拉近距离，套套近乎，问他爷爷奶奶身体好不好，外公外婆都健在吗？爸爸妈妈做什么工作的？兄弟姐妹有几个？让他感到温馨，感到亲切。第三个，我既然当你的老师，我要知道你的基本情况。我说咱们就别弄得太复杂，我们聊简单的。我问一下，我们学科里面有一个名叫某某的教授，你了解多少，他写了某本书，你看过吗？能和我说说你读后的心得吗？我肯定不会问他郭沫若、王国维、陈寅恪这些人，这些人他多少能回答一点。我一定问他从来没有听说过的名字的书，不要说这个书看过没有，他可能听都没有听说过书名。他回答不出来，就会很惭愧，说："老师，不好意思，我孤陋寡闻，听也没有听过。"我说："这么重要的书你居然不知道？"没关系，我问第二本。当我一口气问他十本，他都答不出的时候，他就面红耳赤，汗流浃背，整个精神防线都垮掉了。我说："这不行，你这基础也太成问题了，博士论文最后要匿名评审的，你这样的基础恐怕会有麻烦。不过没有关系，你也不要紧张，你不是要读4年吗？从现在开始，亡羊补牢，为时不晚。我给你开个书单，你按书单去看，很快就能赶上来了。"他就老老实实去读书了。这些都是《孙子兵法》关于把事情做成的管理智慧与方法。

二、《孙子兵法》的超常思维

《孙子兵法》最重要的哲学思维就是它的超常思维。超常思维就是另类思维、逆向思维，在正常当中能够发现不正常，在合理当中能够找到不合理，这个是一个伟大的思想家比我们普通人高明的重要标志之一。我们看问题往往是平面的、线性的、单向的，逆向思维则可以反向地、辩证地看问题。

超常思维是孙子留给我们的最大遗产。孙子之所以这么冷静、这么深刻，是因为他深深地懂得，战争是最残酷的，其中的道理跟治国不一样。治理国家允许你走弯路，我们可以改弦更张，另起炉灶再来过；而打仗更多的是一锤子买卖，输了就很难翻盘，关键性的战略如果输掉的话，你要东山再起、卷土重来，实在是太困难了。拿破仑输了滑铁卢战役，那就只好被流放了，楚霸王项羽输了垓下之战，也只能霸王别姬了。因此，我们看到孙子他从不跟你玩虚的，他讲的都是战争这个特定的残酷竞争领域里面必须驾驭的事情。这是真正的战争艺术，体现了兵学的真正精髓！

"善用兵者，修道而保法。"孙子认为，你打仗要打赢的话，你有两件事情一定要做到，一是修道，二是保法。修道是什么？修道就是做到清明政治，因为所有战争要打赢，首先要建立在自己政治搞得好的基础之上，古今中外，政治都是放在第一位的。只要大家有共同的信念和共同的奋斗目标，有一致的核心价值观，心往一处想、劲往一处使，那就能够战无不胜，攻无不克。保法，就是健全法制。孙子非常重视法制建设，没有规矩不成方圆。但是你要知道，孙子后面又说了，"施无法之赏，悬无政之令"。这就跟"修道而保法"相矛盾了，"施无法之赏"，就是这种赏赐是超乎制度规定的。比如说你挑了一百斤东西，本来应该奖励你一两银子，现在孙子给你一百两银子，完全是超乎了正常的奖励的幅度。就像我们现在吃饭规定只能是四菜一汤，孙子给上了20盘菜，那就是违背了有关的财务报销的规定。"悬无政之令"，我当时就很奇怪，这不是与按规章制度办事的原则相矛盾吗？但是你要知道，孙子这么做恰恰有他的道理。孙子他尊重法，强调法，但是他又强调超越法，不要被法所限制。孙子有一句话对我们启发特别大。我们知道军队管理的基本原则是什么？个人服从组织，下级服从上级。三大纪律八项注意的第一条就是"一切行动听指挥"。对此孙子没有否定，孙子认为这是必要的，这是正向思维，就是应该这么做。但是孙子又来一条，"君命有所不受"。有的君主的命令可以拒不执行，可以各行其是，后来我们觉得太宽泛了，给他加上了一个限制词，变成"将在外，君命有所不受"。不管将在内，还是将在外，"君命有所不受"，就是一切行动听指挥的反面。但是恰恰这种反向，才符合中国文化的道理，是军队管理与发挥战斗力的辩证平衡。这叫作一正一反为之道，一阴一阳为之道。你光讲"君命有所不受"当然不行，这样是一盘散沙，政出多门，各行其是，毫无凝聚力，肯定不行。但是你光讲一切行动听指挥也有弊端，很有可能变成像宋朝的军队一样。宋朝军队最听皇帝的命令，大将出征的时候，皇帝要颁发阵图，上面规定得死死的，说走到宁波绝对不允许你走到杭州的，说今天晚上吃馒头，你是不能吃大米饭的。但是宋朝军队谁也打不过，打不过辽，也打不过金，连小小的西夏它都搞不定。

孙子看问题很深刻，他看到了法的本身存在着两个局限性。任何制度都有两个局限，是没有办法排除的。第一个局限是任何的法、制度规章都是由人制定的，也是由人来执行的，有人为的因素在里面。第二个局限就是任何的制度和规章它都有滞后性，许多规章制度订立了以后，好多年里面，没有大的事情你不会主动去调整它。这样的情况我曾经碰到过。有一次我带我的学生到外地出差，进行学术考察，查阅资料。现在的高铁都是白天开，晚上11点以后就没有高铁了，如果坐高铁去会在路上耽误半天的时间，我就说咱们就坐普通快车的卧铺，不但便宜，而且睡一个晚上就可以到了，一到了目的地以后，马上就可以投入工作。结果回到学校以后，麻烦大了，我的票当然报销了，可我的学生的票没有办法报销。财务部门的说法是，研究生出差不能坐卧铺。第二次我们就改变了，改坐高铁了，坐高铁车票就可以报销，高铁票杭州到北京500多块他给报销，卧铺票300多块却不能报。我终于明白了，凡是躺下的是不能报销的，而坐着的则是可以报的。很多年前制定研究生报销条例的时候，没有高铁，没有动车，所以躺着的票总是比坐着的票来得贵，所以它这个制度是合理的。但是出现了新情况以后，它并没有随之及时改变，那就闹了笑话。

所以读了《孙子兵法》以后，你考虑问题就会大不一样。比如说我们经常讲法治，我当然强调法治，依法治国，肯定比人治进步。但是你不要迷信，法治固然很重要，但是一味依赖法治也不见得能把事情做成。如果人的道德素质没改变，思想境界没有提升，制定再多的法也有空白的地带、灰色的地带，他总是有漏洞可以钻的。所以孔子就讲了，"道之以德，齐之以礼，有耻且格"。德治才是治本的，光靠法治，那只是治标的。老百姓也要如此，一个人如果没有敬畏之心、没有感恩之心、没有是非之心，而只有功利之心，那么再多法也没有用。老子就曾说过："法令滋彰，盗贼多有。"所以法治和德治要配合，两者缺一不可。

孙子考虑问题，总是从辩证的角度出发，因此，往往能发他人所未能发。《孙子兵法》一书中这样的论述比比皆是，不胜枚举。他曾经说过："以迂为直，以患为利。"这一条就很有价值，深富启迪，我觉得它至少在人际交往当中非常有用。孙子说表面上你是在走远路、绕弯子、多付出，但是这实际上恰恰意味着你走的是近路，事半功倍。我们知道，两点之间最短的距离是直线，但是直线当中隔了一条河的话，你是永远也走不到河的对岸的，这时候你必须多付出，多投入。可能你往上游走走，发现一座桥，过河了；往下游走走，发现河水浅的地方也可以过。停在直线上你永远到不了对岸。

这一观点我觉得在我们人际交往当中很有用，尤其对讲话艺术方面很有启发。有的人他没有什么恶意，但是你不会喜欢他，因为他讲话经常不顾场合，不顾地点，虽然没有恶意，但让你下不了台，直来直去，开门见山，让你很难受。我有个同学就是这样，我们领教过他说话的方式有多气人。本人在杭州大学读书的时候，体重是116斤，到山东大学读书以后，变成了160斤了。因为山东的馒头特别养人，一吃下去人就发起来了。当时我们博士生少，跟硕士生、本科生在一个食堂吃饭，我们一起到食堂去打饭，他排在我后面。食堂师傅问我要多少，我说我要两个馒头、一碗豆腐，他一听在后面开始喊了："黄朴民，你都这么胖了，你还吃这么多！"他的声音还特别洪亮，比我用麦克风的声音要洪亮多了，我当时感觉整个食堂内的空气像凝固了一样，所有人都停下动作来看我，我恼火得要命。我知道他是关心我，看我发福太快了，胖了以后三高了，血压高、血糖高、血脂高的问题都来了，尤其是形象还不好。但是这种关心的方式我真的是受不了，因为当时本人还没有结婚。他这种讲话方式导致我们同学都很少跟他往来。

以迂为直，以患为利。我在大学毕业的时候做的一件事情，当时没有意识到，回头总结发现就跟《孙子兵法》讲的道理是一样的。当时我们图书资料不像现在网上什么都有，我好不容易搞了一本书，是劳伦斯的小说《查泰莱夫人的情人》，这本书被我一个同学借走了，正好赶上大学毕业，不知他是有意还是无意，总之没有还我，带走了。我想把这本书要回来，盼星星盼月亮盼了一年，他也没有把书还我，我实在忍不住了，就写信问他去要。但写完了以后，我就把信撕了，因为我这封信的口气太生硬了，他可能会把书还给我，但是我们四年的同窗之情有可能终止了。更要命的，我们40多号人，有共同朋友、共同同学，他以后可能见人就要说，"黄朴民这个人大家不要跟他打交道，一本破书他追着我屁股问"，降低我的社会评价。我还是写了封信，一共写了四层意思。第一层意思说，"某某兄，时候过得真快，离开大学校园就转眼一年过去了"，我用了一个很文雅的词，叫作光阴如梭，"可是我无时无刻不在想念你"，很肉麻。第二层意思说，"大学毕业后才感觉，大学这四年是最美好的，最值得留念的，一到春天我就想起了跟你一起去观赏苏堤春晓的情景，一到夏天，我就想起了去游览曲院风荷的那段往事，一到秋天我就想起跟你一起仰望平湖秋月，一到冬天就想起了一起欣赏断桥残雪，大学生活太美好了，太值得留恋了"。第三层意思，讲讲其他几个同学的情况，"张三提拔当了科长，有希望成为第八代、第九代的领导核心，李四虽然没有升官，但是找到了漂亮的女朋友，正徜徉在温柔之乡，乐不思蜀，大家都在念叨你"。第四层意思，"兄台如果到杭州来出差的话，一定要提前告诉我，我把大家召集起来，好好聚一下"。我这封信写得热情洋溢，他看了以后感动得热泪盈眶，但是，我知道这些全是废话，废话写够了，写足了，到最后才是图穷匕首现，我写了："又及：我记得我的那本书好像还在你手上吧？我自己也想看，你什么时候方便，寄给我。"他很快就把书还回来了。孙子告诉我们，做任何事情都要设定你的战略目标，你的主要目标是还书，这做到了，书还回来了，而且还通过这封信，巩固了我们之间的友谊，这叫作一石二鸟，一举两得。《孙子兵法》绝对不深奥，它就是一种生活的哲学，我们天天在打交道，里面有大学问。

毛泽东说了，"宜将剩勇追穷寇，不可沽名学霸王"。鲁迅先生也讲"痛打落水狗"。但在孙子那里，他的思路完全不一样，他讲"穷寇勿迫"，对穷途末路的敌人不要追得太紧。孙子这个思路实际上是有战略上的大智慧的，在孙子看来，政治生态学的最高原则就是除恶不能务尽，留有对手是自身生存和发展的前提。一个人、一个团队、一支军队、一个国家不怕有对手，就怕打遍天下无敌手，落了个白茫茫大地真干净。这个时候你就会趾高气扬、忘其所以、顾盼自雄，让胜利冲昏头脑，最后就很可能在阴沟里翻船。一个人、一个团队、一个国家面临的真正的问题，不是在逆境当中，而是在顺境当中的，在逆境中奋斗固然不容易，而在顺境中清醒冷静、战战兢兢、如履薄冰，其实更为困难。因此，孙子说："夫战胜攻取，而不修其功者，凶。"

孙子说："无所不备，则无所不寡。"台湾地区著名企业家王永庆曾说，现在的领导和企业领袖，都在抱怨，一个字，就是"忙"。忙肯定是事实，因为企业的老总每天比普通员工要忙多了，不要说老总忙，办公室主任也比普通员工忙多了。但是，忙在很大的程度上应该理解为"盲"，瞎忙，没有方向、没有计划、没有目标，更糟糕的是没有重点，眉毛胡子一把抓。王永庆说，这个感悟不是他自己发明的，而是来自于《孙子兵法》。《孙子兵法》的确是这么说的，孙子认为打仗最忌讳的事情就是平均使用量，面面俱到等于面面不俱到，什么都是重点就没有了重点。拿军队防御来做比喻，军队人数最多，但如果不分重点主次，处处进行防御，那么你的军队是永远也不够用的，必定是顾此失彼，捉襟见肘。孙子这么说："故备前则后寡，备后则前寡，备左则右寡，备右则左寡，无所不备，则无所不寡。"本来求全在我们看来是美好的愿景，但是在孙子看来，凡是求全、求完美的东西，实际上往往是虚假的东西，有问题、有缺点的计划，恰恰是可行的计划。

我读到这里的时候感慨特别深，我如果在读大学那个时候懂得《孙子兵法》这个道理的话，那么我的学术造诣、学术成就肯定不是今天这个样子，要好得多。我本人是1978年全国统考上大学，上大学之前，我只读了三年小学、两年初中，高中也没有读过，好不容易混进大学的。当然数学考得很差，只考了28分，只好到杭州大学来念。当然杭州大学也不错，现在没有了，并到浙江大学去了，所以我可以说我是浙大毕业的，但是我知道自己是山寨版的，不是正宗的。

好不容易有读书的机会，我就全身心投入学习，大学四年共三十来门课，我只有一门课没有拿到90分。是什么课？体育课，没人家跑得快。其他课程，没有一门课的考试成绩低于90分的，但是现在看来，这是我学习上最大的误区。像档案学、博物馆学、图书馆学，我全忘得干干净净了，全还给老师了。唯一一点好处，就是看得多，知识面还比较广，大学的时候我参加杭州大学百科知识竞赛，全校近两千人参加，五个一等奖，我是一等奖的获得者。

我作为教授跟别的教授不一样，别的教授是做学问的，我不是的，我是一直玩过来的，像韩国电视剧《看了又看》《人鱼小姐》《来自星星的你》《太阳的后裔》，我都看完了。好多电影我都看了，《北京遇上西雅图》看完以后，我马上去看了《西雅图夜未眠》，又去看了《金玉盟》，只要跟帝国大厦有关的，我都看了。像《罗马假日》，我看了20遍以上。体育比赛我也喜欢看，看得懂的、看不懂的我都看。音乐我也喜欢，我不但听交响乐，还听流行歌曲。流行歌曲里面，不但听周杰伦的，还听范晓萱的。这是文人习气，但对一个专家来讲，这或许是致命伤。如果能时光倒流，重新开始，我只要学好三门课就可以了。第一门课是中国古代史，这是我的专业，要真正精通。第二门课，是古代汉语，因为古代史的材料都是古文记载的，你的古文水平必须真正过关。第三门课是英语，现在从事中国古代史研究已经不能闭门造车了，要跟国际接轨，所以得把英语学好。不必每门课都刻意追求高分，这会分散精力，影响主要课程的学习。一招鲜才能走天下，你做产品也好，做事情也好，要具有不可替代性。

从这个角度去看，我们对许多历史人物的评价就会大不一样。比如诸葛亮，我们大家都很推崇他，但是从《孙子兵法》的角度来看，诸葛亮其实是一个是失败的政治家。他的工作精神、工作态度当然是好的，鞠躬尽瘁，死而后已，但他的工作思路、工作方法中问题太多。他最大的问题就是事无巨细，亲力亲为，大包大揽，什么都是一竿子插到底，造成了两个严重的后果。第一个后果，他的接班人团队打造不起来，下面的人没有得到锻炼，没有实践的经验，能力是不会提升的，关键的时候就会像马谡一样掉链子，导致诸葛亮死了以后，他的事业后继乏人。老话说"蜀中无大将，廖化作先锋"，这个局面就是诸葛亮他自己造成的，他要负责。第二个后果，是把他的健康毁坏了，他什么都要管，他睡眠时间就严重不够，长期熬夜，这就会积劳成疾。从他哥哥弟弟情况来看，他的家族是有长寿基因的，正常的话他至少可以活到74岁，结果他54岁那年就死了。他的死不是他个人的事情，他是国家的栋梁，他这么一死，蜀汉整个政权就瘫痪了一半。他什么事情都要管，一个士兵犯了错误，打50军棍还是打100军棍，他都要亲自督办，他是总司令，这类琐碎的杂务都要管，那还不把他累死。所以我们说《孙子兵法》告诉我们应该有正确的工作思路，不要求全，切忌面面俱到，必须突出关键，把握重点。因为求全，你考虑问题的时候往往患得患失，瞻前顾后，在解决问题的时候很容易优柔寡断，而战略时机却是稍纵即逝的。

战略决策者的最大的本事就是能够孤注一掷，能够豁得出去。打仗也好，做其他事情也好，孙子告诉我们，绝对不要等有八九分把握之后再去做，那时候时机早已就没有了，所以有五分的可能性就要做。孙子的逆向思维告诉我们，你不要去追求条件的充分满足，满足固然是做事成功的一个条件，但是一味追求条件的满足，意味着机会的永远失去。

《孙子兵法》还有一些原则也特别令人受启发，其性质也是逆向思维。例如，孙子曾经这么说，一个将帅或一个领导者，最容易犯五种错误，这五种错误，可不是一般的错误，而是颠覆性的错误，最大的后果是导致军队覆没、国家灭亡，将帅自己身败名裂。他讲的是哪五种？第一种错误，将帅打仗的时候不怕死；第二种错误，将帅打仗的时候不做无谓的牺牲，善于保全；第三种错误，将帅在打仗的时候有激情，鼓舞士气；第四种错误，将帅廉洁奉公；第五种错误，这个将帅爱民如子。我看到这里，真是很受震撼。从常识上讲，这些都不是错误，而是优点。廉洁奉公和爱民如子，就不用说了，前面那三种也是优点。上了战场，以身许国，冲锋在前，视死如归，这是将帅应该有的大无畏的英勇气概。打仗不做无谓牺牲也对，毛泽东同志说过，战争就是"消灭敌人，保存自己"。打仗的时候要有激情，要鼓舞士气没有错，士气可鼓而不可泄，战场上之所以兵败如山倒，就是因为没有士气了。

但是，孙子看问题特别深刻，他跟儒家不一样。儒家把廉洁、爱民都认作是好的，孙子当然也肯定这些美德，但同时孙子更能透过现象看本质，他认为，这种优点、这种美德，只要是正常智商的人，大家都会肯定，都会强调，都会推动，到了最后，它就很可能走向极端了，而事物走到极端以后，就会走向反面。真理过了一步，便成了谬误。就像德国诗人海涅所说的，"我播下的是龙种，收获的却是跳蚤"！

孙子的意识深处始终有一根弦，即最好的东西也有它的软肋，也有它的弱点。廉洁奉公是好品质，但是廉洁奉公的人往往有一个很大的弱点，就是他的脸皮很薄，在乎外界的评价、在乎自己的名声，容易犯一些图虚名而受实祸的错误。你的对手往往是你怕什么，他就用什么来治你，比如你作风正派，他就给你造谣，说你的作风是假的，是装出来的。那些不廉洁的人无所谓，没有心理负担，只要上面不找他谈话就行。但廉洁的人就不一样了，这种事情传得沸沸扬扬，他百口莫辩，越描越黑，就会整天生活在负情绪之中，心烦意乱，坐卧不宁，寝食难安。但是他又很不幸处在了决策的位置上，他就很可能会在错误的时间、错误的地点做出错误的决定。你的对手就等着你犯错，你一旦犯错，人家就会抓住机会，给你以致命的打击，这时候廉洁就不是正面的帮助，而是负面的障碍。这种情况是非常普遍的。

孙子的思想很有深度，他不否定爱民，但在孙子看来，不分场合、不分地点、不分时间地一味强调爱民，那后患就太大了，势必走向良好初衷的反面。这方面刘备的所作所为，就是一个典型。

刘备原来替刘表镇守荆州的北大门，就是我们今天所说的河南新县这个地方，曹操大军南下以后，刘表死了，他的儿子刘琮投降了，刘备也守不住，他就往今天湖北江陵这个地方撤退。老百姓听说刘备要走了，纷纷围着刘备说，刘使君，你不是爱民如子吗？你不能把我们抛下自己跑。刘备一想，对的，我们不能把你们抛弃了，咱们一起走。军队和老百姓一起行动就乱套了，老百姓是左手一只鸡，右手一只鸭，胸前抱着个大娃娃，走五里路就要休息，所以他们一天行进的速度才二十多里。曹操听说刘备跑了，往江陵跑，心想那个地方不能让刘备得到，于是留下步兵，只带上骑兵，昼夜兼程，一天行军二百里，最后在长坂坡追上了刘备的军队。这一仗打下来，刘备是丢盔弃甲，溃不成军。最后，我们知道，刘备他们就几十个人跑出来了。长坂坡这一仗，刘备明明是打了败仗，但看上去好像跟打胜仗的似的，其实刘备是输了，输到满地找牙。如果没有赵子龙舍命相救的话，刘阿斗那就死在那里了。所以我们现在看，刘备的爱民，对老百姓好吗？老百姓不跑就不会死，或者死得要少得多，但是跟刘备这么一跑，那就太倒霉了，战场上刀剑无情，老百姓死得更多。可见，刘备的所谓"爱民"，表面上是爱民，实际上恰恰是"害民"。

孙子的思想有深度，正是因为他善于逆向思维。他在看到正面的时候，经常也能看到别人所忽略的反面，这样正反都考虑到了，才能把握全局。我认为有八个字是《孙子兵法》的灵魂："兵无常势，水无常形。"也就是说用兵打仗，千万不要有刻板的模式，千万不要按规则出牌，没有规则就是最高规则。孙子当然希望大家学习他的兵法，但是他最大的愿望是人们学了他的兵法以后，忘掉他的兵法。岳飞明白孙子所说的道理，道出了兵法艺术的真谛："阵而后战，兵法之常；运用之妙，存乎一心。"

在孙子看来，继承传统和发展创新两者互为前提，相辅相成。换言之，"常"和"变"之间应该做到高度的统一。"常"是无数前辈用鲜血和生命换来的军事经验、基本原则，你要尊重它，不要轻易否定。"变"指的是不能拘泥于或机械地理解与运用这些原则，而是要结合新的形势、新的情况、新的对象，加以创造性地发展，与时俱进，推陈出新，从而掌握主动，立于不败之地，以达成自己的战略目标。

我们现在讲创新，把创新当作膏药到处张贴，当作口号成天挂在嘴边，我觉得这也有点形而上学的味道了。且不说其他的，就学术上而言，恐怕就没有这么多创新，很多都是"炒冷饭"，我研究《孙子兵法》30年了，也没有几个地方创新，很多东西是不能随便创新的。比如"兵者，国之大事"，人家翻译为"战争是国家的大事"，我怎么翻译？我也翻译为"战争是国家的大事"。我不能译成"战争是国家的小事"，这样创新是创新了，但是意思是错的。我们现在把创新抬得太高了，其实，没有传承就谈不上发展，没有一定的积累就谈不上创新，不然的话，创新就是无本之木，无源之水。我不说其他的，我们说博士论文，我最见不得有人写评语时，说这个论文有几个地方创新。你有几个地方能创新？我搞了三十年也没有几处创新，而你短短三年就想处处创新，天底下哪里有那么多好事等着你啊。

我曾经做过一个有趣的实验。我开了一门课，叫"四大名著导读"，读《红楼梦》《水浒传》《西游记》《三国演义》。期末时，我对选课的同学说，咱们这个学期期末考试的方式，我没有其他的要求，只希望你们结合四大名著交给我一篇创新的读书报告。结果读书报告交上来以后，我发现五花八门，无奇不有。有一个人写了一篇文章，他考证西门庆是个好人。他写得头头是道，说西门庆在管理学上很有一套，他是开生药铺的，可从来不去干预药铺的具体经营，充分授权给店长和店员，平时不去管理过问，这样他就有时间跟潘金莲去玩；还说西门庆懂得一个道理：1+1＞2，所以他跟政府部门的关系搞得很好，不会像武大郎一样挑担去卖东西，挣不了几个钱。最后他的结论是：在西门庆的身上，我们可以看到中国商人近代化转型的曙光。这够学术创新吧？还有一个学生也很有意思，他考证了武大郎的身高。他认为武大郎身高不是1.57米，而是1.75米，他说得也头头是道。他说《水浒传》也好，《金瓶梅》也好，都没有说武大郎和武松是同父异母，既然是同父同母，那么从遗传学的角度来说，武松身高是1.85米的话，武大郎的身高应该不会低于1.75米。我问他们："你们的创新怎么夸张到这个程度了？"他们说："老师，没有办法，你要我们创新，我们怎么创新？其他研究都被别人写过了，你逼着我们创新，我们当然只能乱来。"由此可见，"常"和"变"一定是要统一的，不能一味求变。逆向思维是孙子最大的特点，他说的道理始终能给今天的人们以极大的启迪。

孙子有一个后代叫孙膑，他有个故事叫"田忌赛马"，其中的道理也是孙子兵法智慧的具体呈示。三匹马分上中下三等，孙膑进行了简单的运筹，用上等对中等，中等对下等，下等对上等。这样比赛的结果，田忌二比一赢了，说明谋略是有用的。谋略在双方实力相差无几、僵持不下的时候，可以打破这种平衡，起到四两拨千斤的作用，成为压垮骆驼的最后一根稻草。

所以，孙子的道理都富有哲学的启迪，使我们提升能力，把握机会。但是最后，我还要强调一点：千万不要把《孙子兵法》庸俗化。把那些兵者诡道、兵以诈立的思想泛化，到处套用，会导致道德无底线，游戏无规则。也就是说，在把《孙子兵法》运用到企业管理时，必须慎之又慎，因为兵法是解决你死我活的敌我矛盾的斗争策略，而我们现在的商业合作竞争讲双赢，其矛盾的性质是人民内部矛盾。若是把《孙子兵法》那套东西不加区别地运用到我们日常社会生活当中，那就会带来严重的混乱，留下可怕的后患，这会是很恐怖的社会。所以我们读《孙子兵法》的同时，也要读点《论语》，它告诉我们做人做事的底线在哪里；同时，我们还需要读一点老子的《道德经》，让人生境界得到提升，能够舍得，能够放空自己，拥有一个自由的心灵。我们如果拥有道家的人生境界，拥有儒家做人做事的立场与原则，同时又拥有《孙子兵法》中所说的办事能力，那么我们就可以牢牢地立于不败之地，无往而不胜。

现场提问：我有一个问题。《孙子兵法》到底是孙武写的还是孙膑写的，您是不是可以给我们介绍一下？

黄朴民：《孙膑兵法》和《孙子兵法》是专门性学术问题，我下面做简要的回答：《孙膑兵法》原来也是有的，但是，到汉晋以后就没有了，所以有些学者以为《孙子兵法》和《孙膑兵法》是同一本书。甚至有人认为孙子和孙膑同一个人，因为"膑"不是名字，而是一个绰号。就像老子叫老聃，因为"老"是老家伙、老人家、老头的意思，"聃"是大耳朵，所谓"老聃"，就是长着大耳朵的一个老家伙。一样的道理，所谓孙膑，也就是一个姓孙的受刑断了腿的人。但是1972年，山东临沂银雀山汉墓竹简出土，挖出来的兵法中，既有《孙子兵法》，也有《孙膑兵法》，说明孙子和孙膑是两个人，一个是孙子，姓名为孙武，而孙膑则是他的后代。《孙子兵法》被《汉书·艺文志》著录为"吴孙子"，因为书中主要内容是孙武在吴国写的，而《孙膑兵法》基本上没有离开齐国，在《汉书·艺文志》中被称为"齐孙子"。这两本兵书各有所长，但是单纯就兵学来说，《孙子兵法》比《孙膑兵法》要高明得多，所以历史上《孙膑兵法》会失踪，这不是偶然的。《孙膑兵法》不如《孙子兵法》，但是论打仗的成就，孙子又不如孙膑。所以司马迁说了，"能行之者未必能言，能言之者未必能行"，也就是说能说、能写的人不一定能做到，做得很好的人，也不一定能说得头头是道，不一定写得出很好的作品，不一定能做出很好的理论概括和总结。要做到知行合一其实非常困难，我们可以看到，在历史上这样的人寥寥无几，比如王阳明和曾国藩。概括而言，《孙子兵法》和《孙膑兵法》的关系就是这样。

（根据2018年9月8日的讲座录音资料整理）

博览求知篇

英语学习方法漫谈

□ 李承文

主讲人简介：李承文，中国驻新西兰大使馆前外交官，中国翻译协会专家会员。曾就职于外交部国际问题研究所、中国驻奥克兰总领事馆、中国驻新西兰大使馆等。在使馆工作期间，曾参与中新两国自由贸易区谈判，拥有丰富的国际知识和国外工作经验。多年从事文学创作，在报纸杂志上发表诗歌、散文作品多篇，出版长篇小说《白色的火焰》。在长期商务谈判和文学翻译中积累了大量的翻译案例。

正式开始讲座之前，我做一下自我介绍，我是1979年从湖北考入上海复旦大学，我的专业是世界经济，我们班当时有40个人。我们英语班分快慢班，快班的其他同学都是上海人，就我一个是非上海籍人士。

因为英语好的缘故，我1983年毕业以后，经过考试被外交部录取，所以有幸到北京从事外交、外贸和国际问题研究等工作。如果没有这个考试，我就不会到北京，可能就是另外一种人生。但是到了北京以后，我有幸从事外交、外贸的工作，我觉得人生更加精彩。

今天我主要想跟大家交流的是英语学习的能力建设和方法。我来讲英语学习，实际上并不是说我个人的英语水平多么高。只不过我从小学三年级就开始学英语，从1983年参加工作到现在，都在使用英语，有一些个人的体会。而且我在一些场合跟联合国的高级翻译、国际译联还有中国译协的一些领导、专家交流的时候，我发现我跟他们的观点是一样的。大家的想法不谋而合，所以我也有胆量敢在这里讲这些事情。我觉得这些有必要和大家分享，尤其是年轻人。我今天挺高兴的，看到好多家长带着孩子来这里听，我觉得这是最好的。因为有些东西光小孩知道不行，一定要家长也能理解，形成一种互动，这是第一个说明。第二个说明，我在讲话中可能会对中国的教育有一些批评，不是说我个人多么高傲，不是说别人不行，那只是我作为一个旁观者的看法，供大家参考。

一、对英语重要性的再认识

从上世纪80年代以来，改革开放以后，万象更新，全国的面貌大不一样。大家学科技、学外语的热情非常高。但是经过30多年的发展，国人学英语的热情反而有所减低。大家可能觉得很奇怪，为什么？我觉得大家学英语只是为了证书、文凭，对英语本身的热情是不高的。很多人学了英语就是为了高考，参加工作以后就搁在旁边。有些在工作中需要英语的人，也对自己没有很高的要求，得过且过，所以英语水平长期在低位徘徊，这是中国的一个现状。所以我们必须要站在新的历史高度来认识英语学习的重要性。

大道理我就不讲了，今天就讲一点，英语水平的提升，不仅仅关系到国家发展壮大的需要，我觉得也是年轻人职业生涯的需要。根据我的经验，一个既懂专业又懂英语的人，职业生涯肯定会更加灿烂。而且我相信当朋友们了解英语的重要性的时候，会对英语产生兴趣，而兴趣是最好的老师。既然英语这么重要，我们国人的英语水平和英语教学状况怎么样呢？根据英孚教育的调查，我们中国成人英语平均的分数为50.15分，远远落后于欧洲国家，比日本、韩国低，甚至比越南低。因为越南是51.57分，我们是50.15分。这个问题的严重性不仅仅表现在普通成人的分数低，英语专业的学生水平也很低。因为我自己在工作中也招收过所谓英语八级的一些学生，到了欧美以后看他们写的一些对外邮件，不能说十句里面有八句错，但起码有一半是挺不规范的英文。意思就是你能懂，但绝对不是正宗的英文，这就是我们说的中式英文，这个问题确实很严重。

二、国人英语学习普遍存在的误区

首先我们要认识到为什么不对，然后才会找到正确的路径。大家随意打开电脑都能看到这样的广告，"20天轻松说一口流利的英语""40天甩开字幕看懂英文大片"。现在大家是生活在比较浮夸的年代，很多人都失去了耐心，什么东西都想短平快地拿下。但是你应该想想，我们学中文学了多少年？我们从小学一直到高中，甚至大学都有中文的学习。中文都没有捷径，外文怎么会有捷径呢？所以凭常识就能判断，如果说哪个人告诉你学英语有什么既定的时间，应该是不对的。

与这种急功近利的心态相比，另外一种心态也很突出——"我天分不够，我不是学英语的那块料"。我想跟大家分享，实际上语言是人类独有的一种能力，只要智商正常的人都能学好外语。我觉得在座的小朋友首先要有信心，这个东西不是那么神秘，那么难的。正常的智商就足够了，不需要你是一个天才。

另外一些普遍存在的误区有以下这些。

（一）第一个误区是我的英语水平不错，能看会写，就是口语不行。刚才主持人好像也提到了这个问题，好多人都这样讲，但是我个人认为，这是学英语中最大的误区之一，而且是我最常听到的误区。为了弄清这个问题，我们先想一下什么叫会？我也想跟大家有一个小的互动，就是你们认为什么叫会英语？如果一个人说会英语了，什么标志叫会？

（现场听众：会说、会听。）

这个没有回答我的问题。我们研究一个问题的时候，需要抽象一点。什么叫"会"？比如说你开车或者干别的事，"会"总有不同的角度，总会有一个共性的东西。

（现场听众：熟能生巧是"会"的标志。）

聪明，我在讲稿上就是这样写的，"会"的标志之一就是熟练。为什么说要抽象掉呢？比如说你开车，如果你只能开一档，不敢开二档，或者说你不会平行泊车，那你就不叫"会"。一个英文材料就这么几页，人家半小时就看完了，你需要半天甚至一天才能弄完，那就不叫

"会"，所以"会"的标志一定是熟练。

（嘉宾——澳大利亚华侨海伦女士：我想说"会"其实很简单，也很实际。如果你晚上会讲梦话，在你旁边的家人或者亲人、爱人听到你用英语说梦话，英语就会了。这不是开玩笑，这是别人告诉我的，有一个人在澳洲生活20多年了，他有讲梦话的习惯。从第八年开始，他的梦话由中文变成了英文。从那个阶段起他差不多像当地人一样熟练地掌握了英语，所以这是一个漫长的过程，而且需要耐心。）

可能海伦女士比我更有资格来讲，因为她在国外生活的时间比我更长。国家教委上个世纪八九十年代是公派留学的，它有一种考试EPT（English Proficiency Test），现在可能没有了，就是所有的公派留学，无论是从图书馆、大学还是公务员派出去留学的，只要是国家掏钱的，你都要参加这个考试。EPT中间那个"P"就是熟练的意思，你会的标志就是熟练。另外一个问题和这个有关，我也想跟大家互动一下，什么叫英文好？如果有的先生或者女士对这个问题觉得没有发言权，我们就换个问题，什么叫中文好？

（现场听众：熟练。）

还有呢？"好"和"会"我认为有点区别。我再换一个角度分享，我们有不同的人、不同的职业、不同的特长，哪个职业的人你认为语言最好？

（现场听众：语文老师。）

另外和这个相近的呢？老师是一个职业，还有呢？作家，对不对？这个我相信大家会同意我，不管是中国还是美国还是澳洲，是不是作家对语言掌握得最好？同意吗？比如说英国的莎士比亚，你说他英文好不好？德国的歌德应该好，中国大家知道是莫言，如果大家同意这个观点的话，你再反过来想什么叫中文好？什么叫英文好？标志就是写作。就是说对一个语言掌握能力高低的标志一定是写作能力，这不会有例外。不管是哪个国家、哪个年代、哪个语种都肯定是这样，写作是衡量语言掌握能力的一种标志。

但是写作是中国人学英语最大的弱点，因为好多人说起来是口语不行，这不行、那不行，实际上他没有意识到，你说你口语不行是为什么？因为你挺尴尬的，因为你说了一半就说不下去了，或者你根本开不了口，你认为你的口语不行，这是很正常的。但是写作呢？你认为写下来就完成了，实际上你写得不对，只不过没有人当众批评你，没有人去阻止你，你可以一直写下去，你不知道你写得不行，大家意识不到，只意识到自己的口语不行，意识不到自己写作能力不行。其实写作能力是中国人英语学习最大的弱项。

以前我在单位的时候，我也每年给年轻人培训，我都问他们一个问题，在座的有没有看过十本以上英文原著的人？因为我们每年招的有学理工科的，有学文科的，包括有学外语的。英语专业八级的也不在少数，起码每次都有十几个人以上。但是第一年我问，当时有六七十个人，只有一个人举手，这个人是清华大学自动化系的。其他英语专业的反而没有人举手，我觉得挺奇怪，而且挺不理解的。后来我觉得是不是我的要求高了？我第二年我就降低了，五本呢？没人举手，第三年再问两本、一本，一个人都不举手。这就是我们学英语的现状，我觉得这也是学不好的原因。没有阅读就谈不上写作，不阅读的人更不会去写作，你如果不阅读或者不练习写作，接下来的效果就可想而知了。

今天来的也有不少人，我想现场随机做个调查，除了教科书之外，谁看过英文原著？咱们不说几本，只要看过一本都算，我看能有多少人举手。13个，宁波人有文化、有修养。我在北京每年都讲课，后来都没有人举手，我也不敢问了，这边这么多人举手，我真的觉得挺欣慰的，而且能做到这一点真的不容易。英文原著不是教科书，能有这么多人看是很不容易的。再继续问一下，有看过五本以上的吗？3个，不少了，我们继续一起努力。以上是第一个误区：口语不行。

（二）第二个误区，用我的话来说叫挑肥拣瘦。学工科的就学科技英语，搞外贸的就学外贸英语或者商务英语。但是从语言学的规律来讲，我是特别反对这样分类挑选，尤其是在学习水平还没有一定积淀的情况下。在对语言有了很好的掌握以后再去分类挑选，我觉得是可以的，因为专业不一样。但是在初级，包括大学的阶段，这个分类的效果是挺不好的，我反对这样的分类。反过来我们中文学习大家都是从小学学到高中到大学，从来没有哪个语文老师教我们什么科技中文、商务中文，我觉得没有这样教的。

语文教学和英语教学的方法或者有些路径应该是相通的。我最近比较注意这个问题，语文老师也表示认可，学语文学得好的孩子也是这样学的。绝对不是仅仅靠课堂上就那么一点时间学语文就能够学好的，学得好的人肯定是课外下了大量的工夫。对一种语言我觉得任何文字都不多余，你如果认为有些字有用，有些字没用，你挑三拣四去学，会有两个害处。第一个就是会把看似无用的单词库无限放大，我自己就有这个体会或者教训。原来我在大学的时候，我们会碰到一些欠发达国家的词，比如说孟加拉（Bangladesh）、埃塞俄比亚（Ethiopia）。当时我就想我们可能一辈子都不会跟它打交道，不用记这个国家的词。但是我到了外交部的国际关系研究所（现中国国际问题研究院），负责第三世界国家经济的研究，我天天都会从英文报纸杂志上看到这些第三世界国家，非洲、亚洲的一些发展中国家的名字。而且这两个国家都是所谓最不发达的国家之一，要重点关注。第二，这样也不利于记忆，记忆的诀窍是什么？首先你要感兴趣，如果你从内心排斥它，你肯定是记不住的。这个道理大家都知道，比如你亲人、朋友的电话号码记得住，其他的人你记不住，为什么？因为你不关心。

（三）第三个误区是语法情结和语法错乱。我不知道怎么归纳这个现象。这个现象大家可能知道，我们中国人学外语，我觉得过于重视语法。实际上语法不是法则，它是约定俗成的，它不像物理、化学有那么多道理，它没有道理而言。语法的最高境界是什么？就是随心所欲，就像你在呼吸的时候，当你想什么时候呼、什么时候吸的时候，你的呼吸肯定是紊乱的，你不在意的时候，你的呼吸才能正常，语法也是这样的道理。

我们的英语教学往往把语法从语境当中剥离出来去教，我觉得效果不好。我把这个观点跟一些老师交流的时候，他们说不对啊，你冤枉我们了，我们也有例句，也有相应的课文帮助学生理解语法。实际上他们说的也没错，但是量不够，课文量远远不够。就像我们得病了，我们咳嗽，有时候医生给你开抗生素，一定要一日三次，要连着吃三天或者几天，它有量的积累。如果你就吃一天，你当时觉得好了就不吃了，可能过几天又犯了，因为你的量不够。我们的语法配合一些课文，但是量不够，了解得不够，不是说方法不对，是量达不到，所以效果就没有。

（四）第四个误区是缺乏系统和深入的阅读。这点很重要。刚才为什么问大家看了多少本书，就是和这个有关。我发现好多人学了十年英语，甚至更长的时间，但是他很少读英文的报纸、杂志，很少读或者没有读过英文原著，这是我们大部分人学英语的情况。

台湾有一个很有名的语言学家，也是文学家、翻译家齐邦媛教授，她今年已经92岁了，是我最佩服的学者。她曾经说过："要达到任何语言的深处，必须经由完整的阅读，不能只阅读零星的选文。"但是很多人学英语恰恰只阅读了零星的选文，《英美报刊选读》《英美文学选读》等。英语专业的人也是这样，很少有人整本书地读。齐教授在台湾大学教的不是英文专业，她教的是中文系和历史系的学生，她要求学生怎么读？一年级起码两到三本原著，这还是上学期，下学期三到四本。当时她的学生也说怎么可能呢！我们这么累，但是她就贯彻了。结果这些人到了美国留学以后，他们是没有任何语言障碍的。当时她的40多个学生中有20多个人到美国去了。一般来说不管你英语水平怎么样，到了美国都有一个适应过程，你成绩好的可能两个月，成绩差点的三个月、半年才能适应，才能听懂。但是她的学生到美国去，没有任何的障碍，去了就跟美国学生一样，这个说明什么？就说明阅读的重要性，我也希望大家一定要系统阅读。

（五）第五个误区是按照中文的语序来表达。这是国人学英语的最大毛病，我觉得问题挺严重，大家要避免在自己身上发生。如果问起来大家知道中文和英文肯定有区别，但是要他说和写的时候，一定是本能地按照中文的语序去反应。很多情况下，中英两种语言的语序确实是一致的。比如说我举个例子，"我要去宁波"，I'm going to Ningbo，这个是一一对应的，我（I）要去（going）宁波（Ningbo），这个是一样的。还有"他穿着军装"，He wears a military uniform，这都是一样的。但是大家只能把它看作一种例外，在很多情况下，语言要表达的是意思表达，而不是要一个字、一个字地去套，那个肯定是不对的。

比如新闻发布会的时候，主讲人讲完了以后，主持人会说下面请大家提问，他怎么说的？你们看中央电视台就会注意到，他会说Now we are ready to take questions，请大家提问。如果我们说的话就是Please put forward your questions，这样说也没错，但是地道的英语不是这样的表达，应该是Now we are ready to take questions，这就完全不一样。还有一个电视剧里的话，它不离你半步（It was never out of your sight），"半步"用的是sight，你的目光盯着他，不让他跑开了，这就是一个地道的表达。

（六）第六个误区就是望文生义，甚至把中文的某些套话直接翻译成英文。这也是一个常见的误区。实际上两种语言的不同，不仅仅是在单词的意思上，还有好多文化、表达方式和民俗习惯，所以一定要把这个记在心里，不要一一去对应。一个好的例子就是我在新加坡的时候看到一个家政公司的广告，"Looking for a maid？"需要女佣吗？要是我们中国人直译，可能就是"Do you need a maid？"人家不是这样说的，就是用Looking for a maid，这是一个很好的例子。

一个不好的例子是我在武汉看到的。我是武汉人，有一次回家，发现武汉现在基建搞得很厉害，到处在挖坑、修地铁。武汉的领导就搞了一个口号叫："武汉每天不一样。"（Wuhan, different every day.）实际上我觉得他们本身想表达的意思是武汉每天呈现新的面貌，每天在进步。那你就不能简单地用different，因为different有好也有坏。

（七）第七个误区是Too Heavy，这是外国人对中国人英语的评价。去年我跟联合国秘书、高级翻译一起交流的时候，他们就说包括我们政府的白皮书、外交部的一些文件，翻译的东西他们都用这个词来评论，Too Heavy！所以我就想问一下在座的，你们对这个词理解吗？什么叫Too Heavy？给大家一个提示，有一个句子是"I had a heavy breakfast"，大家应该知道，什么叫heavy breakfast？吃太多了。所以这个"too heavy"就是啰唆、冗长、拖泥带水的意思。

我印象最深的就是地铁英语，我在北京经常坐地铁，乘公共交通，比如西直门离我们家算是比较近的一个站，听得太多了。比如说"Now we're arriving at Xizhimen Station, Xizhimen is the transfer station for line 13. Passengers, please be prepared to get off…"还有很多，特别长，我都记

不住。可是你到了英国或者澳洲、新加坡，人家特别简短，车开了以后它就报下一站的名字，报两次，比如说："Next station Jurong East，Jurong East." 就两遍完了，挺简单，没有其他的话。等到那个门关的时候，它就会说："Door is closing." 说这些话达到目的就完了，不要你说"prepared to get off"。我本来就要在这里下，还要你来说我再准备下，真的是多余的，没有必要的。

另外一个是在他们的电梯里看到的，如果需要主要设备维修服务请拨以下电话，"For essential maintenance services call…"后面就是电话号码，这里就没有出现"main equipment"这个词汇。为什么？因为 maintenance 就是设备维修，已经包括设备维修，所以不用再加 main equipment 这个词。中文、英文不要一一对应起来。我在这里再多说一句，大家要学好英语，一定要看英英词典（English-English Dictionary），而不是英汉词典。就像大家学中文一样，你学中文也会碰到不知道的词，你怎么办？你查《新华字典》就能解决。实际上学英语也一样，你查英文词典也能理解的，不一定非得查这个词的汉语到底是什么意思。

（八）第八个误区就是中文功底及文化修养的欠缺。对这个误区可能有很多人觉得不是那么切题，但确实是我们在学习和应用中一个很大的问题。我这里举一个例子，一个博士生有一次翻译（写）一个调研报告，把辛亥革命"推翻了帝制"，翻译成"推翻了帝国主义"。因为英文都是 imperialism。大家知道帝制和帝国主义完全是两个意思，一个是封建帝国的制度，帝位传给儿子这种世袭的皇帝制度。一个是西方列强国家对落后国家的侵略，那叫帝国主义，所以这完全是两回事。

另外还有在英语教师进修班上，碰到一个英文的副教授，把英文翻成汉语的时候，汉语写不全，都是缺胳膊断腿的汉语，但是他自己意识不到，还说这个挺好。我举这个例子是想说，你的汉语不行，也会影响中英文交流，意思你知道，但是用自己的语言表达不出来，这实际上也是很普遍存在的问题。

前一阵某单位一个小伙子考到了联合国的高级翻译，他的外语真的是挺好，我觉得比我好多了。但是他有一个毛病，就是他的中文功底还是差了一点，好多他翻译的东西你一看就觉得英语的痕迹很重，不是中国人那种地道的表达方式。所以我觉得以后大家无论搞什么行业，哪怕你搞科技，都要有好的中文基础，这是一切工作都离不开的。

讲到这里，我再讲讲自己，因为上次在宁波讲座的时候，好多听众朋友强烈要求我讲讲自己的例子，因为我以前举例子都举别人的，不好意思举自己。他们非得要我讲讲自己的例子，讲讲外交部的经历，所以这里我专门把稿子重新改了一遍。尤其是后面一部分，全部是重写的。

我再说一下，我的英文水平真的不是那么高，但是我有一个优点，我的中文功底挺好，所以我有一个综合的优势。比如说你要拿一个翻译的稿子给我看，我实际上不用看原文，我就知道这个人的翻译水平怎么样，我会有一个判断。顺便就讲讲我个人的故事，当年我到使馆去，还有一个原因，就是我个人小小的心愿，我一直想把在国内构思的一篇长篇小说写完，因为在国内挺浮躁，也挺忙碌，没有时间去写。所以我觉得应该找一个地方，很安静的一个岛国，我就可以静下心来写，起码我的业余时间可以自己支配。我也是挺幸运的，在100多个国家中，把我派到了新西兰。

我当时走之前就想，只要是岛国，哪怕非洲也行，有山、有海、有水我就满意了，结果新西兰真的是太漂亮了，觉得老天爷还是真的挺照顾我的。到了那个地方我白天工作，晚上和节假日伏案疾书。当时奥克兰大学有中文藏书，所以我在那边还能查资料，包括《汉书》《史记》，因为我的小说中牵涉这些内容。在两年时间里，我就完成了这本书的初稿。回国后陆续修改，差不多十年吧，这本书终于出炉了，叫《白色的火焰》，是关于"文革"的长篇小说。

这本书虽然不是畅销书，但是也受到专家、学者的好评，包括在座的李敏女士也对这本书评价挺高，所以我觉得挺欣慰，真的是挺高兴。我觉得自己没有白活一场，觉得这辈子有知己了。这是我在那儿最大的收获之一。有时候跟我外交学院的同学也说到这个事，他们还以为我到那儿去偷懒的。他们也有在外交部当领导的。听了以后好像当时有点不高兴，你到那儿就是为了写小说？我说是利用业余时间写的，我在工作时间也是一直很努力的，一点没有懈怠。

我有一个朋友在新西兰，他是人类学的教授，他对中国文化很有研究，他觉得这本书很独特，建议我翻成英文。可是我知道自己的英文不是那么好，而且根本没有能力去翻译小说。他非得让我试，我没有办法就答应了。但我觉得这对我来说太难了，像苦役一样，是不可能完成的使命或者任务。人生的有些阶段，你一定要咬着牙挑战自己，战胜自己的懒惰和胆怯，自己和自己较劲。

我当时感觉只能挑一百斤，偏偏我挑了三百斤，这个压力挺大。2004至2005年，一年多的时间，我每天上午什么都不敢干，一起来就在电脑上翻译，翻译到中午吃饭了，觉得自己今天的量完成了，才敢去干别的事情。这样一直持续了13个多月，终于把这24万多字的稿子翻成了英文第一稿。本来是请那个新西兰的教授去修改，可是他一方面年龄比较大，再一方面他一会儿到英国教书，一会儿到中国讲学，也是挺忙的，所以就一直拖着，到现在还没有最后定稿。

但是这个事情本身我觉得不遗憾，翻译完了以后，我有什么收获呢？第一是战胜了自己，你觉得不可能完成的任务完成了，这是对自己的一种成就或者挑战。第二，通过这个翻译，我对英语的学习和各方面的体会更深了。从今年上半年开始，我到全国各个地方的高校、社区讲英语学习的一些方法。在教育网站上也开设了《英语导航》的专栏，我之所以敢这样做，得益于一句话，我今天专门抄下来了，就是我当年毕业的时候同学写给我的一句话。我1983年毕业，当时兴做毕业纪念册，就是把你的照片贴上去，把所有同学的照片贴上去，每个同学就给你写一句话，你也给人家写一句话。有一个同学给我写了一句话，我一直记了30多年，我非常感谢他。他这句话是印度的英雄人物圣雄甘地写的，他说："Everything that you do may be insignificant, but it's important that you do it." 这段话很朴实，因为圣雄甘地这个人本身是很朴实的人，他没有什么豪言壮语，但是他的话真的是直抵人心。无论你是做一番很崇高的事业，或者做一件很普通的事情，你都可以从他的话里吸取营养。我觉得这句话指导了我30年，而且正是因为有这句话我才敢于做。

你翻译当然是想出版，但是你翻译完成之前，没有人会拿你的书出版的。前途不是那么光明，没有那么多功利在里面，你还要不要做？他这句话一直在后面无形中影响了我，所以我才敢于做这件事。

在座的肯定有很多水平很高的，我也想请你们把这个意思说出来，和其他朋友来分享。这句话翻译成中文是什么意思？我希望有人举手，因为它不难。如果你们觉得哪个单词不会的话我告诉你，可能这里面稍微难一点的单词就是insignificant，significant是"重要的、有意义的、很有价值的"，但是加个"in"就成了它的反义，就是"无足轻重的，没什么了不起"，就这个意思，其他的都挺简单，我觉得中学的英语单词都涵盖了。哪位能把它翻译成汉语？把它的意思说出来就行了。那个小伙子你说，你的英文不错，你说一下，没关系。

（现场听众：你做的任何事情也许都是没什么意义的，但是重要的是你做了什么。）

　　非常好，是这个意思。我从这句话里有两个体会或者感悟：一、你做的任何事情都是有意义的，不管它多么琐碎、多么渺小，它都有意义。这个有意义是对你个人的性格或者成长而言。比如你扫地、叠被子、保持房间的整洁，这些事情，很琐碎。但是你要做，这关乎你良好的习惯，关乎自我控制和自我管理。上个月我跟一个澳洲的朋友出去玩，他的女儿才七八岁，她在一个私立学校读书，那个学校就要求家长监督这些小孩自己洗衣服、自己叠被子，国外是这样的要求。而我们却由家长包办代替，把家务都做了，生怕耽误孩子学习的时间。实际上我们中式的有些方法对孩子的成长是不好的，我觉得这个外国学校的要求是对的，这些小事情实际上是挺重要的。二、有意义的事得先做起来，不要太在意事情的结果，好多事不是一定能成功才做，是你做了才有可能成功。这就是我的体会，这句话一直在鼓励我做事情。

　　我刚才说的在全国各地开始举办讲座，在教育网站开《英语导航》的专栏，这个网站名字叫"家长100"，我现在大概写了八篇关于英语学习方法的文章都登在这上面。在新西兰创作长篇小说的同时，我还写了大量的诗歌。本来写小说的时候，我的诗歌已经中断了，大学时候写得多一点。但是新西兰真是很美的国家，我在那里诗兴大发，又写了很多诗歌，其中有一首诗歌我想跟大家分享，因为也是和自己的体会有关。

　　2005年，我从奥克兰总领事馆调到惠灵顿大使馆商务处工作，商务处是在市中心办公。我们的使馆在旁边，到那边去要走两三站路，有一条小路穿过市区，穿过一个墓园就能到那里去。开始的时候我真的是有点瘆得慌，因为国外本来人就少，有墓碑以后人就更少了。后来走多了就习惯了，甚至觉得这个地方风景挺不错的。有时候阳光洒在墓的石碑上，洒在那个花上，周围很安静。走在那个地方有一种思考，对生命和

个人的情感都与你在办公室或者别的场面的想法不一样，久而久之我就
酝酿了这样一首诗歌，我现在想用我蹩脚的普通话给大家朗诵一下。不
知道大家愿不愿意听？我站起来朗诵吧。

穿越墓园的每一天

何草不黄，

何日不行。

何人不将，

经营四方。

——《诗经·小雅·何草不黄》

每一天，

我们涂脂抹粉，

精心掩饰自己的真相。

每一天，

我们衣冠楚楚，

拼命把自己包装。

拎着沉重的包裹和欲望，

我们如此忙碌，

如此仓皇。

对偶然溅起的泥泞，

牢骚满腹，

对突然亮起的红灯，

怒目相向，

每一天，

我们都要穿越这片墓园，

目光涣散，思绪茫然，

我们如此冷漠，如此健忘，

从来没有停下来，

拂去石碑上的尘土，

没有放下包裹，

和昔日的邻居一起，

晒晒太阳。

花木掩映的墓园，

静静地躺在城市中央，

春夏秋冬，光阴似箭。

我们穿越广场的每一天，

也穿过千年不朽的，

金戈铁马柴米油盐，

穿越一个又一个，

生命的终点。

2005 年 4 月 11 日　初稿于惠灵顿

谢谢大家！不好意思啊，这真的是我这一辈子第一次当着大庭广众朗诵我写的诗歌，真的是第一次，我也是鼓起了好大的勇气才敢这样做。今天我的儿子也在座，我估计他也是第一次听到他父亲朗诵诗歌，而且他父亲写这首诗歌他可能都不一定知道。

我想解释一下这首诗，因为其中也引用了《诗经·小雅》的最后一首诗《何草不黄》。"何日不行"，这个"行"是指"奔"和"走"的意思，指古代人出征、服劳役。"何人不将"，"将"也是这个意思，也是"行"的意思。这四句诗的意思就是这样：哪有草不枯黄？哪有一天不奔忙？哪个男儿不出征？往来经营奔四方。我为什么引用在这个诗里面呢？我觉得古人和我们一样，真的都是忙忙碌碌的，老是为生活逼迫去奔波。但是我另外一个想法是觉得古人的奔忙好像是被迫的，因为他要服劳役，官府要你服劳役，你不服劳役就抓起把你杀了。但是现在人的忙碌很大程度上是自找的，我这样说可能比较刻薄。但是大家静下心来想想可能真的是这样，起码在很多情况下是这样，我们有时候可以不那么忙碌的。比如说我在地铁里，或者在路上看到有的年轻人一天到晚看微信，有时候走路还在看，甚至半夜熬夜的情况都有。现代人把自己弄得很忙碌、很浮躁，这是一种不正常的状态，有时候我觉得需要反思、需要调整一下。这首诗是我挺大的一个人生感悟，在青少年时代大家都希望快快长大，总以为前面有精彩的生活在等着我们。但实际上前面的生活是否精彩不一定，你不知道。但是唯一一点能确定的是什么？唯一能确定的是我们离死亡一天比一天接近，这是我经常在墓园走的感受。所以这首诗的题目叫《穿越墓园的每一天》，实际上是指我们每天都向死亡那一天迈进，就是这个意思。可能到了中年以后这种感觉更明显，但并不是每个人都有这种危机感，大部分人还是浑浑噩噩，没有使命感、没有方向、没有目标。这个问题我也比较关注，有时和别人坐在一起讨论，好多人没有这种想法，问他们以后怎么办，都说不知道，真的没有想到过。他们更多考虑的是哪里有饭局，对这个问题可能他们不愿意考虑。

　　而且我觉得大部分人变老了，但是没有长大。老了是生理上衰老了，但是并没有长大。长大包括身体上和思想上，好多人的思想还没有长大。仔细想一想，我们在日常生活中拼命追求的东西真的是那么需要吗？为什么不尝试改变一下呢？很多人不知道自己是谁，一生都在跟风、随大流、得过且过。干任何事都需要有一种境界。王国维说过"有境界则自成高格"，我的理解是小说、书法、绘画都是境界决定你的高低，而不在技巧。

我跟一个画家很熟，是很好的朋友，他也说了，如果从技巧上来说，特别是西方的油画，你只要经过很正规的大学训练，那些东西都不在话下。比如说画一个瓶子，看得出有光，里面有水，有这有那，花上有雾，他说这些都不是很难，重要的是格调。你通过这个作品想表达什么？这就和你的境界有关，如果不知道表达什么，那当然画不出好的东西来。学外语我觉得也是这样，如果对自己要求不高，认为借助字典能把这个资料看懂了就行了，你的水平肯定高不了，如果你对自己提出更高的要求，你的水平也会高，这就是格调的问题、境界的问题。

三、当下英语教学的症结

俗话说旁观者清，我是一个中国英语教学的旁观者，现在谈谈我观察的结果。第一个我觉得我们英语教学围绕的中心点错了，所瞄准的目标错了。照理说英语教学的目的是什么？很简单，就是把孩子们的英语教好，把学生们的英语教好，这是一个常识的问题。比如说我们假设为达到这个目标，制定的教学计划或者教学方法为X，你找到X的解释不难，平常是能做到的。但是由于高考的压力、家长的压力，我们的教学目标扭曲为分数，你的目标成了分数，尤其是高考的分数。所以大家的着眼点不是去寻求X的解释，而是去挖空心思如何应付考试、如何投机取巧。为什么这样说？就是投考试之机、取分数之巧。这个当中，X无形中变成了M（mislead），即误导。

下面我们再来分析为什么M不对。我自己也思考过这个问题，我认为任何考试的方式和题型都是有缺陷的，也就是说它不那么科学、不那么完美。原因在哪里？因为考试的考生众多，评的老师也众多，所以一定要有标准化的东西，而且为了拉开分数档次，又要出一些怪题、难题，剑走偏锋，这样才能把分数拉开。所以标准化的考试很难形容一个人的语言水平，尤其是写作水平。

我想举八股文为例。实际上文章的最高境界是什么？没有规律，要有独特的角度、语言、感悟、文笔，才有好的文章。但是科举考试不能这样，都独特了以后怎么来判断呢？谁来判断？所以就人为造出了这么一种题型。取材于"四书五经"，内容必须是古人的语气，绝对不允许你自由发挥，句子的长短高低都有要求。标准题型的考试是没有办法的办法，是不得已而为之的事。但如果教学以这个为中心，那肯定就有问题。

下面分享一下知识点的问题。所谓知识点我认为从逻辑上讲是归纳的结果。比如说先辈的归纳、老师的归纳。归纳的前提是大量的研习、阅读。但是学生自己没有阅读，都是由老师归纳的东西给他学，他去做习题，这样很被动，而且没有办法去消化。我觉得这个就是症结。有一个朋友30多岁了，因为工作的关系需要重新学英语，他在微信群里发了一段文字，判断see、look、watch的用法和区别。以我对他英文水平的了解，我觉得这个东西他就不该一开始就关注这些，他应该大量地阅读，阅读完以后再去归纳see、look和watch，你自然就有自己的判断或者归纳总结。如果光靠死记硬背这些知识点，没有运用，你越弄越糊涂，永远都不明白。

基于上面的分析我们可以得出这样的结论，我们的英语教学掉进了这样的泥沼，教学方案都围绕着考试转。为了让学生得高分，就教育他们在考试的时候要掌握知识点，要适应和熟悉考试的内容和题材。所以现在是什么情况？现在我们的英语教学就变成了知识点的教学，变成了各种考试题型的教学，这就是英语教学的弊端。我们必须认识到知识点是零散、琐碎的，没有大量的阅读和写作练习，就不能将它们消化吸收。你不能吸收，它仅仅是无本之木、无源之水。有一个盲人摸象的故事，他们摸到的是大象的腿、耳朵、身子，而不是大象本身（整体）。将过多的精力放在知识点的学习上，无异于盲人摸象。我专门在英语导航的专栏里面写了一篇文章，题目就叫作《当下英语教学的盲人摸象》，主要观点就是以上这些。

四、实用英语的能力培养和学习方法

在这部分，我想重点强调的是阅读和写作。今天讲的一些观点不是我一个人的观点，我和联合国高级翻译还有中国译协的领导、专家都交流过，大家都有共识。概括来说，要达到任何语言的深处，必须经由完整的阅读，不能只阅读零星的选文。

陈平原是我国著名的学者、北大中文系的老师，他在谈到语文教学的时候也说过，学语文没有什么捷径可走，首先是兴趣，然后是肯读书、勤思考、多写作，这样语文一定能学好。他说的就是读书和写作。

中文、英文实际上都一样，因为语言的规律是一样的。这就是我的中心思想，大家就记住这个，正确的语言学习方法就是阅读和写作。

我再用一点时间讲讲听说读写的关系，这个问题大家众说纷纭。听说读写到底是什么关系？哪个重要？各人的角度不一样，各人的说法也不一样。我想跟大家把这个事情捋一捋，听和读是信息输入，说和写是输出。把这四个东西变成两个，就好分析一点。输入是基础，没有输入就没有输出，这是没有什么疑问的。我强调的读和写恰恰包括输入，也包括输出。在听和读中肯定是听简单，阅读深奥一点。在说和写中，那肯定是说简单，写是难一点。为什么这样说呢？我就举中文例子吧，一个文盲肯定是会说的，但是他不会写，对不对？只有作家、语文老师会写、写得好，所以我觉得我提倡的方法就是抓住矛盾的主要方面，在输入和输出方面抓住主要的。

当然有了这个主要的东西，不是说其他方面不需要关注，你还是要关注的，具体的方法可能也需要另外的时间或机会跟大家一起探讨，这就是我主要的观点。我也讲了不少，大家也累了，我留下尽量多的时间跟大家互动，你们看这样行不行？

主持人：我们先用掌声谢谢一下李老师！既然是英语讲座，我们来点规范的。We're ready to take your questions, please put your hands up. 有吗？有的请举手。

现场提问：在工作和实际应用当中，我觉得其实最难的还是听和说。我是做质检的，口语对我们这些技术人员其实是一个很大的难点，而且对我们的收入影响也很大。一个普通质检人员每月只有6000元，但是如果你口语好的话，一个月可以拿到两万。因为我们做质检的要面对不同的国外客户，有些是印度的，有些是英国的，有些是法国的，但是他们口音不一样，他们如果写邮件过来的话，我可以给他们写非常漂亮的回复。可是他们直接打电话过来的话，我有时候脑子反应不过来，而且说起来会很结巴。我觉得如何提高口语水平是我们工作中迫在眉睫的问题。是不是这样的？谢谢！

李承文：我们分析问题要把它抽象化，不是针对张三，也不是针对李四。把这个问题抽象化，英文应该怎么学？我提倡的方法是你达到极致，阅读和写作的最高的水平就是这样体现的。这并不是排斥张三、李四或者其他人，而是对于自己的个案，有针对性地做一些训练，这是不矛盾的。或者你不需要达到这么高的水平，只需要工作中能张口，这样工作能顺利点，工资也高一点。但是我想说的是什么呢？我以写诗为例子，大家也知道工夫在诗外，练书法的，为什么去看舞剑大娘？或者踢球为什么要去跑步？跑步跟踢球有什么关系？有时候基础性的东西还是很重要。还是要说到输入和输出，你老觉得自己口语不行，口语不行是一种现象。就像发烧只是一种现象，它的原因挺多的，比如你有咽喉炎会发烧，你有红斑狼疮也会发烧。你的口语不好只是一种现象，要根本上解决这个问题，说句不好听的话，你要是能背100篇英文文章，你的口语肯定好，你想过这个问题没有？熟读唐诗三百首，不会写诗也会吟。你的口语也是这样，里面的东西太少了。里面的东西就像水一样，你有水，你才能倒得出来。里面没有水你倒什么呢？你的口语不好只是一个现象，如果你大量输入、大量背，以后说的时候，脑袋里会出来。比如说你这个句子不会，你可以换另外一个表达方式。刚才强调了要注重意思的表达，不要非得说那个词怎么弄。

我再举一个例子，有一个小孩小学一年级的时候，跟着他妈妈去英国留学，小学一年级也没有多高的英语水平，在国内也没有学多少。有一天发现他的手上起了疙瘩，痒，就告诉老师，老师就带他去卫生所，擦了药就好了。回来以后他就讲给他妈妈听，他妈妈挺奇怪，你怎么会让老师知道你手里有疙瘩呢？疙瘩怎么说？痒怎么说？要是我们大人会老想着疙瘩怎么说，不会说就卡在那里，老想着痒怎么说。小孩就很简单，他说"Teacher, look"，然后左挠挠、右挠挠，就解决了。这就是一种表达方式，当然这个方式是没有办法的办法，有一千句或者一万句的英文储存在里面，你肯定就能说了。这是我的观点，供你们参考。我的建议还是扩大自己的输入，把大量的英语单词、词汇输入你的脑袋里。

主持人： 我感觉听完李老师的解释，就是说我们学英语的人不要把英语学得太死，就盯着那个东西。

李承文： 口语不好的人就是这样，他卡在那里了。我观察过所有人，他的英语表达不好的时候，就是那个词卡在那里不会说，他就停下来了，他就不知道怎么弄了，实际上你是意思表达，你可以绕过这个词，用别的词汇来表达。

主持人： 对，因为语言就是交流的，你能说得让人家明白，动作、语言、神态都可以。所以不要盯死那个，我一定要把这句话用很纯的英语把它表达出来，这样对自己增加负担。

李承文： 前提条件是你的脑袋里有东西。大概一两个月前，我前面提到的考上联合国高级翻译的那个人，他赴任之前我请他吃饭，和他聊天。我现在讲课也得输入，我不能自己不学习。我特意跟他交流了这个意思，他说你的脑袋里表达一个意思肯定有五六个后备部队，像打仗一样，你一定有后备部队的，否则卡在那里不就完蛋了吗？但是后备部队从哪里来？就是你的输入，平时要有阅读，或者看电影、报刊、电视剧。好多人强调看电影有帮助吗？是有帮助，既是一种输入的帮助，又可以增加你的兴趣。我再多说两句，我强调的主要是阅读和写作。这是最抽象、最基本的方法。但很多人根据自己不同的经验、体会，选择通过看电影和各种交流来提高，这些都是方法，都是很好的。

现场提问：李老师您好！我在大学期间也读过一些英文的名著，你说到的输入是非常重要的，我也非常赞同。但是读英文原著是非常痛苦的事情，对一个刚开始学习英语的人来说，我所有读过的英文原著里面，我觉得比较有趣，读得非常顺畅的就只有一本，它的语言是非常浅显易懂的，比较适合我们读。你能否推荐一下，对于我们学英语还没有学到一定境界的人来说，读哪些书相对来说比较合适一点？谢谢！

李承文：谢谢你的问题！我觉得学任何东西都有一个循序渐进的过程，当然不建议小学或者初中就读原著，那是不可能的。但是有一个什么方法呢？我记得世界名著都有简写本，我上大学的时候，北京外国语大学有一个外语教学研究出版社，它出版了好多世界名著的简写本。它可以把几十万字的书浓缩到挺薄的书，可能就一两万字，甚至更少。而且还对一些单词和短语加了注解。甚至有些语法也为你解释。这样的书你读了十来本以后，可能就对英语语感有一点培养了。然后你再读一些比较薄的真正的原著，或者在期间不断阅读一些英文的报纸杂志。我建议大家就读英国或者美国英语为母语国家的杂志。

每天浏览，花半个小时看一看，这对增加你的语感、词库量，会有很大的好处，在这个基础上再看一些原著。

大家不要以为世界名著或者经典作品就特别难，海明威的好多小说的原版，例如《老人与海》，我觉得难度不是那么大。所以我建议大家如果有兴趣可以去阅读一下，它不厚，大概几万字，实际上它是一本中篇小说，它不是长篇。如果你把这本书看完了以后，你对英文肯定会增加兴趣，不像你说的那么苦恼。阅读苦不苦恼在于你喜欢读什么，比如你喜欢名人传记就读传记，你喜欢体育就读体育，你喜欢小说就读小说，你喜欢别的东西就读别的东西。首先，分类上你可以选择；其次，难易的程度也可以选择。我因为喜欢写作的缘故，读的小说比较多一些。就像海明威，他的作品文字精练，而且他很少用形容词，他都是用挺干净利落的语言，所以应该是比较适合中等以上英语水平的人去阅读。

现场提问：李老师，我有一个问题，我不讲太高深的、太专业的。我就提比较实用一点，我的要求不高：到国外去旅游或者做生意能够比较顺畅，老外讲什么能听懂就可以了。你刚才讲的阅读我很赞成，写作一般人不太会写，最多老外一封邮件来了写一下，可能比较缺乏的还是听力和口语。目前我也想学商务英语，平常听听磁带，或者自己对着书读一读。但是阅读杂志很少，我希望你给我提点建议，像我们这种比较实用、大众化的英语使用者有什么好的建议？或者说我这样的听磁带好、自己朗读好，还是阅读杂志更加好一点？谢谢！

李承文：我建议你找一套比较好的教材，你刚才也说了，要求不一定那么高。但是即使不高，你也要找一套教材从头到尾学一学，包括要做练习。为什么呢？语言它不是道理，不是你懂不懂，而是你会不会。我以前也跟人家举过例子，比如我们投篮，老师教你双腿与肩张开，借手腕的动作去投，他会教你一系列的动作，你投得准吗？你投不准。为什么呢？不是你不懂这个道理，是这个道理没有进入到你身体的各个动作中去。怎么才能进入？你要练。所以学英语光听听磁带、看看视频，不做练习什么的，那学会挺难的。即使你要求不高也挺难的。我觉得还是要练习，就像练投篮，这个道理很简单，你得练才能投得进去，你才会投三分球。你如果老看人家弄，老是听老师讲怎么动作，你永远都不会。所以一定的工夫和时间还是需要的，你找一套教材，教材的习题要做。我们当年的英文教材是许国璋版，这个教材我们觉得挺好的，一到四册两年学完，你把里面的习题做一做，我觉得应该也是可以的。现在有没有更好的教材我不知道，但是许国璋教材是挺好的教材。

有一句古文，叫"取法于上，仅得为中；取法于中，故为其下"。意思是，如果你的目标是考60分，你应该要往90分、100分去努力、使劲，你才能达到60分，如果你只往60分去努力，那你大概率达不到60分，可能就40、50分。这句话我也经常跟人家讲，你的目标要定高，"取法于上，仅得为中"，你可能就得到中间。这就是为什么我干事情都想往最好的方向去努力。我跟人家讲这个英语学习方法是最好的方法，就是说你达到极致的方法，不是说每个人都需要达到那种极致。我也知道不是每个人都要当作家，不是每个人都要当英语教授，但是只有通过这种目标和训练，你才能达到比较中等的水平。如果一开始就看看字典，查着字典能对付、能阅读就行了。这样的情况下，往往得到的结果是更低下。

现场提问：老师你好！我想问的是关于小孩教育的问题，我女儿现在八岁，学校也开设了英语课程，都是一些口语，每天上课能读得出来就可以。她现在这个年纪就是一张白纸，对英语学习是刚刚开始，应该怎么激发她更多的兴趣？第二个问题，刚才你也讲到我们现在国家的教育更多是应试教育，对于他们这一代来讲，我们作为家长，应该怎么样的去引导她？在应试教育里没有办法，在完成应试教育以后，怎么避免应试教育最终造成像我们这一代的后果？比如像我，英语我也学过，但是现在全扔掉了。第三个是对他们现在这种年龄段，有没有比较好的一些教材可以推荐一下？谢谢！

李承文：我一个一个来说，先说你后面的问题，因为我不是儿童英语教育专家，而且我的孩子已经大学毕业了，所以我对这方面的关注不多。我觉得，小孩还是寓教于乐比较重要，首先引导她有学习的兴趣，起码不要让她反感，这是第一步的目标。围绕这个目标，我知道有一些英语培训机构带着小孩一起看动画、一起做游戏，在做游戏时说英文，这都是很好的方式。但是我个人建议还是要阅读，当然这种阅读的材料可以像小人书、娃娃书，有图也有字的，这两样东西一定要联系起来。比如说我们小时候学中文就是这样，一张苹果图片，下面写上苹果两字，还有拼音。我觉得外语也应该这样，就是不能光让她听，她的输入最好是多元化，有图像、声音、拼音、文字的输入，这样对她来说是一个立体的输入，对她的语感培养也有好处。而且从语言能力的发育或者成长来说，八岁已经不算太早了。你学中文的话可能是一岁到两岁之间就有一些话会说。小孩的语言发育的能力或者天分比我们大人想象的要厉害，你孩子这个年龄段，除了单词也可以教她一些文字，比如一段话的故事或者童话，（当然不要话太多），每个画面就一句话，我觉得这样的英文教材是可以给她看的，而且我相信她慢慢会懂的。

关于应试教育和素质教育，我觉得这个问题是比较大的。我只能这样说，你生活在中国，所以不能逃避这个现实，我给家长的建议是平衡。如果你的孩子特别糟糕，那你就得多下点功夫，让她起码跟上这个班级、跟上大家。如果她已经足够优秀了，就不用在意她是第一名还是第十名，这是没有任何区别的。比如说她已经能考上交大，那就不一定非得让她考上清华或者北大。交大比清华、北大有差距，但是那个差距有多少呢？而且不是说每个北大的毕业生以后在工作中都比交大的毕业生厉害。我以前招人，我还是看素质，不是说北大、交大两个学生中就一定要招北大的。我们跟他谈话，通过谈话来判断这个人的综合素质怎么样，不是看哪个学校好，一定是看谁更厉害，都会选综合素质更高的。

（根据2016年7月16日的讲座录音资料整理）

阅读力与正能量

□ 徐　雁

主讲人简介： 徐雁，南京大学信息管理学院教授、博士生导师，兼任中国阅读学研究会名誉会长、中国图书馆学会阅读推广委员会副主任等。为首届"书香江苏"形象大使，"全民十佳阅读推广人"之一。长期从事中国书籍文化史及阅读文化学的教学与研究，代表性著作有《藏书与读书》《中国旧书业百年》《阅读的人文与人文的阅读》等。

非常高兴今天来到我非常熟悉的宁波市大学园区和鄞州区图书馆的报告厅。今天的讲座，按照馆长和我的约定是一个半小时，这一个半小时的讲座中，我们重点要谈的一个理念就是阅读力与正能量。阅读力与正能量同我们每一个人、每一位读者、每一个从事基层文化工作的从业人员，同我们的社区分馆、农家书屋，我们每个家庭、每个学校究竟有什么样的关系？我们提出来的是"学习型家庭＋书香校园＋图书馆基层阅读推广"这样一个"三位一体"的推广方略。为什么要强调这样一个"三位一体"的推广方略？我们不要把学习型家庭、书香校园、图书馆阅读推广理解成一个线性的关系，它不是一条线的关系，而应该是一个圆的关系，图书馆的阅读推广要持续发展，最离不开的是什么？是年轻人。年轻的一代读书人要加入到图书馆的队伍当中来，那当然就离不开书香校园的建设。书香校园的孩子从哪里来？当然从社会的细胞家庭中间来。所以我们要有大量的学习型家庭、学习型家长和大量的书香宝宝。而且如今全面推行二胎的政策，我们希望不但要有书香"宝宝"，还要有书香"贝贝"，要让家长引导第一个孩子，第一个孩子再去牵动第二个孩子，共同参与一家四口学习型家庭的构建。只有这样，图书馆的推广才会有源头活水，才会有一代一代的新生的力量进来。我们作为家长，最期待的是什么？最期待的就是自己的孩子的未来。作为老师来说是自己的学生，作为成人来说是年轻人一代比一代强，青出于蓝而胜于蓝，长江后浪推前浪。这样美好的循环要想实现，就离不开图书馆阅读推广作为公共文化服务所要发挥的作用。

大家有没有注意到，有一个关于图书馆的法规即将在2017年被国务院常务会议批准，就是《全民阅读促进条例》。《全民阅读促进条例》对于我们的意义是什么？我想在座的各位在近10年前一定都有过一个强烈的体会，当时在你生活的小区边上、工作单位边上，突然出现了一片几百平方米的24小时开放的体育锻炼、健身的场所，那是为什么？那是因为国家出台了《全民健身条例》。而《全民阅读促进条例》就被称为"全民健脑法"。

为什么要出台《全民阅读促进条例》，要全民健脑？因为我们都知道，"最是书香能致远"。如果让知识的芬芳酿造阅读的精神正能量，能够让人生的理想插上书香的翅膀，那这样的人生就会非常有价值、有意义、有色彩。我们都知道，在人的成长道路上有一条捷径，这条捷径必须是三点一线不走弯路。哪三点？成人、成长、成才。三者要同步发展，也就是说在成人的过程中成长，在成长的进程中成才。如果三点一线、三位一体地实现成人、成长、成才的模式，人生就不会走弯路，既不输在人生的起跑线上，更不会跌倒在读书、学习、学业的台阶上，这样的孩子、这样的学生长大成人不仅仅是祖国的花朵，而且还是民族的栋梁。

这个过程中，我们首先要强调的是要大量读有字书，通过读书来求知识、学文化、受教育、明白人生的道理。所以书香校园建设就成为非常重要的一个环节。书香校园建设，大家会说这是不是一个伪命题？孩子上学就是为了读书的，就是为了读好的书，为什么还要强调书香校园？我们知道在孩子成才的道路上有两种类型，一种类型就是从爱好读书、爱好阅读，尤其是从爱好文学阅读出发，这样的孩子将来不管学文科、理科、农科、医科、工科，都会喜欢阅读，成为一个有终身阅读爱好的人。另一个类型是只会读教材、读课本、读教学参考书，而没有文学阅读、课外阅读爱好的，当他在应试教育的模式下，最后上了大学，参加了工作，他也不会再去读更多的书，因为他是在应试教育＋功利教育的指挥棒下长大成人的。

所以书香校园建设从本质上来说，指的就是课外阅读、素质化阅读、人文化阅读这几方面做得怎么样。并不是任何一个校园只要有图书馆就是书香校园，不要觉得这些孩子书声琅琅，天天在听课、考试、做作业就是书香校园，不是这样的。一会儿有时间的话再跟大家说书香校园建设对一个孩子的重要性。

为什么要强调这样一个原则？这是因为现在人读书的数量太少。大家可以看一看2014年的数据，江、浙是兄弟省，江苏省的指标也可以作为浙江省的指标来参考，江苏省人均一年读几本书呢？7本书，已经高出了全国南北方、中西东部地区的数量，因为全国的人均读书是4.77到5.56本。我在江苏做推广报告的时候经常讲，有了7本书的指标，你就有了自我"脑检"的数据，你如果一年读不了7本书，说明你的精神营养吸取水平低于江苏省的平均线，那你应该感觉到一种危机、紧迫感，要奋起直追。江苏在国内可以说是社会、经济、文化、科技发展的较高水平。苏州的人均读书比较多，多少呢？也就是10本书，10本书这个数量大不大、多不多？我们比较一下2009年日本国民的阅读数据，就可以知道差距有多大。2009年日本人均阅读是40本，苏州10本，全国4.77本。所以江苏省的全民阅读领导小组每年就向江苏全省的市民推荐12本好书，现在已经连续推荐了四年，积累下来48本好书，在基层的农家书屋、社区分馆，这48本好书应该是重点推荐的对象。除了这48本好书，还有每年度的茅盾文学奖获奖作品，国家图书馆推荐的书目（如文津图书奖的获奖书目），我们南京图书馆的陶风图书奖推荐的书目等。凡是上了好书书目榜的，就应该成为社区分馆、农家书屋的推荐对象。

不仅如此，其实在基层分馆很多还需要推荐的是家风、家训、家教类的书，"怎么做一个好父母""怎么做一个好孩子"这一类的书目都是接地气的，非常受到社区、基层拥护且迎合读者需求的。过去大家对农家书屋意见很多，为什么呢？因为它根本不顾及读者的需求。比如说在江浙一带，既养不了牛，又养不了马，也种不了苹果，但是农家书屋中间就配置了这样的图书。也就是说配给你的时候，意味着这些就是死书，它没有活力、不接地气。我们鄞州区在这方面业务工作要做得全国领先，很重要的一点是要让我们的服务接地气，要调查我们的用户需求。在大数据的时代，这种调查就是让我们的公共文化服务落实到实处，让我们的国有资产发挥最大效能，这些方面我们还有许多事情可以做。

还有一类配置的书籍，可以说有一个简单的特征，就是在这个书名中间有一个"读"字的书，有一个"书"字的书，有一个"阅"字的书，有一个"学"字的书。我们采购的馆员只要看到这样的书，应该增加它的复本量的采购，为什么？因为这类中间包含"书""学""阅""读"字的关键图书，实际上都是我们的工具书，是教会一个读者读什么、怎样读，并且让他读了以后更想读的图书。它在书中间的地位跟一般的书是不一样的，我们把这类书称之为"书之书"，即跟书有关的书。像《阅读的力量》这样的书就应该成为我们配置给社区图书馆、农家书屋的重要资源。只要有人借阅了这样的书，把它的理念、方法、观点、见解、思想、智慧都学到了，那这样的书就会发挥以一当十甚至以一当百的作用。

比如说我的北京大学校友聂震宁先生写的《阅读力》，这本书就告诉我们一个重要的阅读方法，八个字，"忙时读屏，闲时读书"。当你忙忙碌碌，工作、生活只有碎片化时间的时候读什么呢？最方便的是"一机在手"，一部智能手机在手里，看看屏幕上的信息和知识，让自己保持跟这个时代同步、不脱节。如果在节假日、课余、业余、闲暇时，应该读书。全民阅读推广中的读书，并不是一般所说的图书馆流通书的概念——只要是你们把书借走、还来，图书馆就实现了流通率的增长。全民阅读推广，尤其是校园的推广、家庭导读，这里读的书是指含有书香的书、散发着知识的芬芳的书。重点推广的应该是古今中外名著、佳作、经典、美文这些经过了时间、空间双重考验的读物。就好比我们在日常生活中间买菜的时候都会选择无公害、绿色、有机的蔬菜和食材，那在精神食粮和精神营养消费上我们当然也应该重点推广无公害、绿色、有机的精神食粮，这就是刚才讲的名著、经典、佳作、美文。只有这些东西才能给我们提供丰富的思维"维生素"，给我们最多元化的精神营养，给我们最充沛的正能量。所以《阅读力》这样的书应该是我们从事公共文化服务和基层全民阅读推广工作的业务书，同时也是我们要推广的书。日本的斋藤孝教授写的《阅读的力量》告诉了我们一个经验，就是"阅读立国"。"阅读立国"的关键在于校园，从基础教育的校园到高等教育的校园，开展校园阅读建设，校园里的读书就成为非常重要的一个方面。

校园的阅读跟我们图书馆的阅读怎么能够实现打通呢？大家说这是两个系统，校园系统那是教育系统，我们图书馆是文广系统。这两个系统实际上是容易打通的，这需要树立我们称为"方圆一公里"的观念，就是说在全民阅读立法的时代背景下，全民阅读推广不仅要接上最后一公里地气，而且还要以一公里作为我们阅读推广的活动范畴。以图书馆为中心，一公里为半径的方圆范围之内的幼儿园、小学、初中、社区、机关团队（高中要集中力量过高考独木桥，就不要去打扰了），把它们作为图书馆开门迎客、手拉手的重点服务对象。广州少儿图书馆推广了一种服务模式就是这样的：他们跟周边的幼儿园、小学签订协议，周边的幼儿园、小学的阅读课到广州少儿图书馆来上。因为在方圆一公里之内，走路就能走到，解决了交通成本、停车空间这些方面的问题。

我前几年在德国访问的时候，看到了德国的一处图书馆的基层服务空间，这个图书馆位于德国西北部的港口城市不来梅，属于一个中等图书馆。这个城市是格林兄弟收集民间故事所途径的一个城市，有一个著名的绘本，大家一听就知道跟这个城市有关，叫《不来梅的音乐家》，有的也翻译成为《不来梅的乡村乐师》。这样一个不来梅的图书馆，它的基层服务点在哪里呢？在大超市的边上，电梯上去以后左手是一大片大卖场，右手大概是1000多平方米的社区图书馆，家长如果要选购东西，他就可以把孩子直接寄托在阅读空间，空间里面是一个老馆员带着一个年轻的馆员在服务。等到家长们把购物结账以后，就可以到这个空间把孩子领走。这样对孩子来说，到一次超市，父母为他配置的是物质食粮，而他自己在父母选择物质食粮的过程中同步获得的是精神食粮，父母半个小时、一个小时的采购时间，就是孩子在阅读空间的书海中间自由选择、自由阅读的时间。

我们去访问的时候，突然听到一大片喧哗的声音，当地的老师带着幼儿园一个班的孩子到图书馆来上阅读课。一看这些孩子，第一次看到有这么多人种，有黑的、白的，当然也有黄色、棕色的，有卷头发、直头发、蓝眼睛的，我们看了觉得太丰富了，简直就像一个小联合国。我们就问那位老图书馆员，怎么会有这么多种族的孩子？他说因为不来梅是个好地方，德国西北部港口城市风光很好，同时也是一个慢生活的地方，森林很多，大家选择自由居住地的时候都喜欢这个地方。这样一种非常接地气的、几乎成了不来梅居民消费习惯的服务空间设计，不需要家长专程带着孩子到少儿馆、农家书屋，就把服务点布局在日常必须要去的刚需地方，实现了阅读推广的共性。

那大家要说了，徐老师，你说的是德国的情况，在我们中国有没有这样接地气的地方？有啊，刚才说了，广州市少儿馆把方圆一公里周边当作是自己的服务对象。在我们江苏张家港的基层图书馆、农家书屋、乡镇的服务空间有24小时图书驿站。这个图书驿站的设计也非常好，我们举一个例子来讲。

在一个小学附近，24小时图书驿站应该设在哪里呢？设在这个小学的边上，小学的二楼就有一条天桥跨越到24小时图书驿站，当地乡镇文化站的这个地方。每当下午三四点钟放学的时候，小学的老师都会开放这条天桥。大家想想这有什么好处？至少避免了每当孩子放学的时候，接送孩子回家的各种私家车把小学的门口堵了个水泄不通。现在他只要跟自己的孩子约定，让孩子放学了以后不要走大门出来，而是通过天桥走到24小时图书馆驿站，家长在二楼或者一楼的阅览空间等着就可以。在这种情况之下，一方面让家长在图书馆的知识海洋空间中，有十分钟、二十分钟看看报刊、看看图书。另一方面，有一些聪明的家长，等到孩子放学，接上头了以后不离开，为什么？有的人说"揩图书馆的油"，图书馆的空间好、空调好、环境设施好，他赖着不走。不是赖着不走，而是因为图书馆的环境、气氛好。大家想想，到图书馆来看书、学习、借还书的人，哪一个是被人用枪顶着、用绳子绑着送来的？都是他自觉自愿来的。所以这些孩子在24小时图书驿站的空间做作业、看课外书，就有一个非常好的不吵不闹、可以专心致志的环境。在这样的环境坚持一个礼拜就有一个礼拜的熏陶；坚持一个月就有一个月的熏陶；坚持一个学期、学年，就有一个学期、学年的收获。在这种环境下熏陶出来的孩子，第一，做作业效率高；第二，因为环境安静，所以出差错的概率就小；第三，因为图书驿站是第三空间，家长如果说做完作业我们再回家，孩子必须要赶时间，所以单位时间的效率相对比较高。实际上就是通过一种环境的约束，培养一个学习效率高、学习习惯好、爱读书、渴求知识的书香孩子。

如果这个空间不是建在学校的边上，有哪一个家长会在接了孩子以后专门开几分钟的车重新停车到那去读书、做作业？肯定是直接带回家去了。我们来想象一下带回家的效果，爷爷奶奶外公外婆们在家里头闲了一天了，孩子回来了，就要跟孩子问长问短、嘘寒问暖、闲言碎语。这个孩子打开课本在做作业，爷爷削了一个苹果送上来了，咬一口苹果做一下作业，把作业做得丢三落四的。我们都有体会，就像我们要写一篇报告、总结，一定需要连贯性、持续性的思维，不能一会被手机打断、一会被来人打断，在这种家庭环境下的孩子做作业能不拖拖拉拉吗？做习题能不缺胳膊短腿吗？所以选择家庭学习环境和公共图书馆学习环境时，家长要理性。作为政府，布点阅读空间的时候要考虑它的便捷性，要以人为本，以下一代为本，以读者、用户和群众的需要为本。这是一个方面。

另一方面，如果说学校要建自己的阅读空间，怎么建？有的校长、书记专门弄出一栋小楼，好几间屋子，派几个老师把它管理起来。其实不需要。学校图书馆的藏书，第一，不要追求品种多；第二，不要追求数量大；更不要追求集中管理，因为集中管理会产生人力成本、环境成本。我们在书香校园的建设中，最应该做的就是把学校图书馆的藏书分散到各个不同年级、不同班级的教室里，做成图书角。一个班级的一部好书，它的复本量应该不少于两本，让多名学生有机会同时共读一本书，有一个互相交流、探讨、切磋的伙伴。数量、品种应该是以这个小学或者中学的课本的核心人物、核心知识、核心内容为中心来决定。比如在小学的课本中间涉及的重要科学家、文学家、政治家、杰出人物，他们的传记就应该成为图书角的标配。语文课本上选择到的林海音、朱自清、丰子恺、叶圣陶等，这些作家的传记、散文、随笔、作品集就应该成为学校图书馆标配的对象。为什么呢？因为这中间有一个重要的阅读文化学理念："与其诵经万卷，何如精读一经"。这个"经"特指的是经典，与其你背诵一万部经典，还不如精心阅读一部经典，因为一部经典中间的精华真正进入你的知识营养空间的话，对你未来的成长是非常重要的。这样的过程叫"书山进宝"，进什么宝？既进物质文明之宝，又进精神文明之宝。台湾的漫画家蔡志忠先生告诉我们说，读书是回报率最高的一种投资。在浙江图书馆的大厅里面大家能看到"读书是福"的匾额，这是中国美术史研究专家王伯敏先生赠送给馆里的。

刚才说过了，阅读首先是阅读力的问题，但是阅读力一定是以阅读的价值观作为基础的，像这样的一些书就会成为我们业务学习的参考书，也成为我们应该推荐给读者和用户看的书。比如这一本《阅读救自己》是台湾著名的经济学家、出版家高希均先生著的。高先生本人就是一个终身学习者的典型，这本书的副标题就叫"50年"，50年就是半个世纪学习的脚印，实际上不仅仅是他的脚印，还有他的思想、感悟、智慧和见解。他在《阅读救自己》这部书中告诉我们一个重要的理论，就是新读书主义。读书救自己是非常重要的一个理念，什么叫救自己？让人在知识的海洋中间成长，通过学业、职业和事业三个台阶不断提升自己。到了图书馆这个行业工作，我们听得最多的一句话是"做好服务"。但是大家有没有想过，我们公共文化服务，尤其是图书馆的服务跟医院、餐厅、市场的服务有什么不同呢？最关键的不同在于，我们做的是精神食粮的服务，一般的服务型馆员培养的过程中都会做好这份工作。但是大家设想一下，图书馆这个空间就像一个老字号饭店的大堂，看上去人来得不少，但是这些消费者纷纷打开自己的包包，把自己家里头做的、超市买的东西带来吃，偏偏不点你这个老字号饭店的名牌菜、招牌菜、特色菜，不用你的后厨准备好的各种各样的食材，不用你这个餐厅一级厨师、特级厨师的手艺，那这个老板心里头会怎么样？一定会非常郁闷。我们图书馆越来越多出现了这样的情况，大量的读者把图书馆当作自习室、作业室、上网室、考证室，用国有资产购买的书、报、刊、典籍不被借阅、流通，所以我们的职业是存在危机的。

有一个馆长怕自己的队伍出现"温水煮青蛙"这个效应，在全馆业务会上就讲了，在数字化、移动互联、智能化的时代，如果在座的各位馆员不努力，只满足于做一个服务型馆员的话，结果会怎么样呢？他说最后智能技术成本更低了，图书馆员服务效能更高了，而且基本上不会出差错。智能馆员一定会成为未来图书馆的标配，因为政府也要考虑性价比，养一个馆员和一台智能馆员的投入，肯定不一样。然后到了中午工作午餐的时候，有一个比较调皮的馆员就开自己部主任的玩笑说："馆长说了，我们不努力就会被智能馆员取代，估计那个时候你手下有一大批智能馆员的时候，馆长可能也会搞一个智能主任来管智能馆员，你可能也要下岗。"结果这个部主任脑子快，他说："馆长上面还有领导，当馆长要用智能主任的时候，分管领导就搞一个智能馆长全解决问题了。"

大家想想，智能化真正来到业务岗位中间的时候，确实比任何一个人都更管用。举个例子讲，过去一般把最难做的一项工作，最有水平的人安排给图书馆什么岗位？参考咨询部，但是任何图书馆面对参考、咨询的问题都可以通过大数据的时代进化起来。比如说一个版本低的参考、咨询智能馆员，它可能只能回答100个问题，但是中级的智能馆员就可以回答1000个参考咨询的问题，高级的可以超过10000个。在这种情况之下，我们就算把所有的研究馆员都集中在某一个参考咨询部，可能都抵不上大数据时代一个智能馆员发挥的作用。这种情况下，我们要从保卫图书馆的工作岗位的角度来认识终身学习的战略意义，实现从服务型馆员到学习型馆员、研究型馆员的提升。所以我的师兄，北大王余光教授主编的这本《图书馆阅读推广研究》，就应该成为我们想要从服务型馆员向学习研究型馆员提升的一部业务用书。类似这样的书我跟他还合编了另外一本《中国阅读大辞典》，由南京大学出版社出版。这部书告诉我们很多有益的读书价值观、很多的道理。比如说我们引用了颜之推《颜氏家训》中间的那句话："积财千万，无过读书。"为什么积财千万比不上自己的子弟把书读好呢？因为大家知道财富会起起落落、升升降降，会遇到各种危机，最后财富可能被败掉。但是如果自己的子弟能把书读好，就有了文化，有了一技之长，可以一专多能，就可以自我发展。

还有一句话："贫者因书而富，富者因书而贵。"我在台湾看到了这句话以后，心里想这个道理讲得很好，但是一直没有想通好在哪里。什么叫"贫者因书而富"？我们一般讲的是知识改变命运。什么叫"富者因书而贵"，"贵"是什么东西呢？后来我经过思考以后就发现，"贫者因书而富"说的是贫困的家庭、贫困的个人、贫困的地区可以通过阅读和有书香来改变命运、积累财富。而富者已经有了好的家庭财富积累，可以通过阅读让气质更加高贵。后来再一想，除了这层道理以外，还有更多的道理。一个温饱型的社会提升后是小康型社会，小康型社会再提升是什么社会？富贵型社会。富贵型社会再提升是什么社会？幸福社会。最高境界是人人都幸福，每一个地区的人都过上幸福生活。小康上面的台阶还多着呢，小康上面是富贵，富贵以后才是幸福。什么是富、什么是贵？富就是不欠人，贵就是不求人。大家说无欲则刚，当你不欠人、不求人的时候，人生不就达到了自由王国了吗？什么时候才能不欠人呢？自己有一技之长、一专多能，过去说"技多不压身"，技多你就有了应对社会种种变化的本领，这些道理我们在《中国阅读大辞典》中间就回答了。为什么要读？读什么？怎样读？什么时候读？在哪里读？像我刚才讲到的，孩子放学以后，如果离图书馆近、交通方便，有这样得天独厚的条件，那就先不回家，先到图书馆看书、做作业。这就是在哪里读的问题。推广阅读需要掌握一些理念与方法，就要通过图书馆公共文化推广，通过基层服务，把它落实下去。

过去我们经常讲要送书、送资源下乡，后来发现这个做法的效果并不明显，为什么？因为我们缺乏更重要的一块，没有把自己的活动送下乡、送到基层，没有把我们的阅读推广服务送到基层和需要的点上去，这才是我们的问题。这本《中国阅读大辞典》很贵，将近600块钱。后来我们为了推广又出了一部简版《全民阅读知识导航》，只有30块钱左右。这两部书配合在一起，作为基层乡镇的工作人员，一般情况下看看《全民阅读知识导航》就可以做好服务，做好阅读推广，书里体现了从家庭到书香校园、图书馆阅读推广三位一体的理念。遇到一些更加复杂、疑难的问题可以查查这部工具书《中国阅读大辞典》，也可以解决。我个人的一些见解在《阅读的人文与人文的阅读》一书中也都有体现，比如对国学大师陈汉章，作家鲁迅、林语堂、莫言等人的读书生活案例，我都做了分析。通过这些，我们就对耕读之家与书香门第、学习型馆员和学习型图书馆等问题进行了研讨，这对我们做一个终身学习者，提升自身能力非常有帮助。

刚才主持人在开篇的时候特别介绍，李克强总理已经连续四年在《政府工作报告》中强调了全民阅读，一般来说事不过三，但2017年3月的"两会"期间，突然把连续三年的"倡导全民阅读"改成"大力推进全民阅读"的时候，我们才真正知道党和国家、高层人士对这个问题的决心。现在大家知道政府是一届五年，在连续四年提出对全民阅读重视的情况下，我们更有理由期待2018年3月的全国"两会"上，2018年的《政府工作报告》中，会有推动全民阅读的关键词继续保留。而且在2017年秋天刚刚结束的党的十九大中大家也可以看到，深入建设学习型社会被写进了十九大报告，说明大力推动全民阅读、深入建设学习型社会、加强科学普及，应该成为我们今后一个阶段全民阅读推广和做好基层公共文化服务工作的重中之重，也是三个工作目标和方向。加强科学普及这块我来简单提示一下，科学普及不是我们传统所说的科普读物。科学普及特指的是大科学、大科普。社会科学、人文科学加上自然科学的书籍，都应该成为我们大力推动和加强推广的对象，这一点我们要在日常的工作中间加以关注。

概括起来说，在《全民阅读促进条例》这样一个即将颁布实施的时代氛围中，全民阅读的三位一体推广方略的重点应该是建设以"书香+艺馨"为文化基调的学习型家庭。《全民阅读促进条例》颁布以后，政府财政给全民阅读的资金，除了做各种各样的推广活动以外，还应该把它转化成为图书馆公益性培训活动，培训学习型家长、读书型家长，要做好这类工作的投入。我们还要打通教育跟文化这两个系统，在立法促进全民阅读的背景下，把图书馆的阅读推广与学校图书馆、学校图书角建设结合起来，大力推进以"才华+学识"为学风基础的书香校园建设。一开始我们讲了，书香校园并不是说高考、中考成绩最好的就是书香校园，那个是叫应试型校园。真正的书香校园是全面培养一个孩子审美、情感、智慧、技能同步齐进的地方，所以要以才华、学识作为学风基础。要积极推广"校园同读一本书"活动，而且要从同读一本书推广到同读一个主题系列好书这个层面。比如说我们的基础教育都有乡土教材这块，乡土教材就是让宁波人更加了解宁波的乡土文化，比如为什么历史上被称之为鄞州？为什么我们大讲堂称为明州？这些知识都应该成为一个从小在宁波长大的孩子的常识，同时也要成为新宁波人、新宁波家庭的常识，让他们把宁波当作自己的第二故乡。所以，乡土教材是了解宁波文化的一个重要载体。

"校园同读"活动要从一本好书推广到一个主题系列的好书去做。比如说鄞州图书馆每年可以设计几个关于宁波的民俗、历史文化遗迹、方言文化等方面的主题讲座，做这些主题讲座之前先做好我们图书馆大堂的专题书展，把宁波的风俗文化、风土人情，宁波的历史文化，宁波的方言，宁波的非遗等与宁波核心文化有关的书籍，从大书库、阅览室中至少调出一个复本来进行专题的书展。当专题书展进行到一周、半个月以后，某一个专家就来到明州大讲堂，直接面对面讲述这些书本中间的知识。讲完以后把专家讲座的内容记录下来，然后通过合作的报刊、图书馆内部的读物，把它进一步推广给读者，这样就形成了"分地阅读推广"的系列服务活动[①]。这样的活动就比较接地气，也能够扬书香，发挥图书馆的核心服务理念，最后为宁波的精神文明与物质文明建设做出更多的贡献。

在这些方面，我们需要做什么？图书馆工作人员，尤其是专业馆员，还有来自各界、各领域的阅读推广人要做出生动的案例来。案例就是实践的经验，将它上升到理念和理论的高度，然后在国家立法促进全民阅读的时代背景下，进一步去拓展生根，创新基层公共文化服务和阅读推广，去做好更多的工作。在这些方面，中国图书馆学会和阅读学研究会多年来进行了一些探索，比如我们有一些指定的书香园地，苏州图

---

① 作者注："分地阅读"理念可参见《分地阅读：读物联通文脉》一书，海天出版社2020年出版。

书馆编的《今日阅读》是中国图书馆学会阅读推广委员会的会刊。浙江海宁是国学大师王国维和武侠小说大师金庸的家乡，也是诗人徐志摩的家乡。海宁图书馆的老馆长跟现任馆长联合编了《水仙阁》杂志，在全国阅读推广界很有影响，因为这个《水仙阁》杂志有三个板块的内容，第一个板块就是海宁的历史文化介绍，作者有海宁本地的，也有从海宁出去在外地工作的，写关于海宁的历史文化方面的随笔散文。第二板块的内容是关于图书馆阅读推广，比如说专家做了报告以后的录音整理的简略版本，推广的好书书目等。第三板块是关于海宁图书馆馆史、馆志方面的数据积累和信息报道，因为海宁图书馆是一个有100多年历史的老馆。我们一般提倡50年以上的图书馆都应该有一部自己的馆史，50年以内的年轻图书馆应该都编一部馆志。明年我们将在河南新乡会举办中国图书馆学会第三届图书馆史志编写专业委员会的推广会议，我们一直希望通过推广工作兴起由图书馆人编自己的历史、志书的高潮，这方面鄞州区图书馆也可以及时做一些总结。

像南京市的金陵图书馆编印的《阅微》杂志，成都市图书馆编印的《喜阅》杂志，一年就编六期或者四期，在图书馆大堂摆放阅览，或者图书馆讲座活动的时候送给读者或听众。上海市青浦区图书馆创办的《清阅朴读》杂志，是上海市图书馆学会阅读推广委员会的会刊，这个杂志也非常好。这些杂志都是图书馆内部报刊，但只要是图书馆同行，你想要这些刊物，你只要给这个图书馆去一封信，甚至发一个微信，提供自己的地址，他们都会寄给你，因为天下图书馆人是一家。报纸也是我们提倡的一种做法，温州市图书馆编的《温州读书报》，已经编了200多期了，一个月一期，既介绍温州历史文化，又进行阅读推广，还有它的馆史、馆志的资料积累，都做得非常好。

刚才我们特别强调要读中外名著、佳作，古今经典好书。书目推广也是非常重要的，从哪里选择好的书目？我们只要做一个有心人，就可以发现这些好的书目。比如说中学校长、老师问我们，我们中学要配置什么样的好书？我们都知道，好的中学学生都是要报考到211、985、双一流学科的大学去的，也就是说这些大学所推荐的书，都是中学的孩子将来要到这些大学去读的。把这样的书目早早推荐给我们的中学生，相当于让他起到一个预习的作用，让他通过这样的推荐对大学产生一种向往之情，继而转化成他学习的动力，这种书目推荐也是适合进校园的。

我们南京大学从2015年开始对新生做了一个阅读通识课的计划，称为"阅读经典计划"。通过这样一个计划，用两个学分的方式教会学生读懂、读好一本好书。我们把中外古今的经典读物分成了6个板块总共60种：文学与艺术、历史与文明、哲学与宗教，这是传统所说的人文科学的范畴；经济与社会、全球化与领导力，这是社会科学的板块；自然与生命，这是自然科学的板块。我们通过这种中外经典书目阅读的方式，让一个大学新生进了南京大学以后，选一本书读一个学期，拿两个学分，来提升这些孩子的阅读力。大家要说了，一学期读一本书值得不值得？值得，就像我们在座的各位，你吃了某一道菜觉得好吃，你会怎么样？你下次还会点这道菜，下次还会到这个餐馆来。读书也是这样，当你真正读好、读懂、读通了一本书以后，你一定会更加爱读。更加爱读的好处是什么？就是你会更加善于读书。很多人就是因为不善于读书，最后让自己放弃了读书，放弃了阅读。

我们举一个例子讲，如果你读钱钟书先生的《围城》觉得喜欢，你说不定就会读钱钟书先生的传记，看一看钱钟书是什么人？《围城》中的方鸿渐又是什么人？等你把钱钟书先生的传记读完以后，你还觉得不满足，为什么？我们知道教育学有一个原理叫"学然后知不足"，你读了以后会知道自己的知识面不够宽，基础不够扎实，了解的东西还太少。怎么办？读了钱钟书先生的传记，说不定就想读钱钟书先生的夫人杨绛女士所写的那部畅销书《我们仨》。通过这种一环套一环的方式，就拓展了自己的阅读面，然后在阅读中获得了乐趣，自觉转型成为一个终身学习者。像一个服务型馆员，天天面对书林学海，终于找到了跟自己投缘的书，这就是一种非常好的读书方法，我们把它称为结网式的读书法。从一本书开始的结网式读书法，一本书就让你有了一个支点，你有了这个支点以后，就可以让自己像蜘蛛网一般开始延伸，让自己获得更广的知识面，最后从阅读一本书开始变成一个博览群书的人。

所以，我们首先要把自己从一个图书馆公共文化服务的提供者、从业人员，提升到学习型馆员这个层面，然后再进一步发展，做好自己、做强自己、做实自己，为将来成为研究型的馆员打好坚实的学术基础。学术训练不仅仅是参加图书馆学会的征文活动，参加一些培训班，去学一些理论性的东西、听一些理论性的讲座就能实现的，更重要的是要接地气。我们要拒绝一些作秀式的、不接地气的活动。

2014年有新闻报道说，成都设有417个社区图书室，却常常一天借不出一本书。后来检讨反思这个做法的时候，大家发现了一个重要的原因，是什么呢？成都某个社区的党委副书记感慨了，说这个社区有三分之二的居民都是农转非，刚刚从农村进城的人，他们还没有养成经常读书的习惯，那是什么原因？那就是我们今天所说的主题，读书的爱好在小时候因为经济条件、社会条件、生活条件没有形成。然后也没有书香家庭、学习型父母的培养，进了学校也没有书香校园的氛围让他们进一步成长。这样种种加起来，我们看到的是，这些人后来应该有了更加丰富的晚年时间和条件读书，但是大家都到广场上去了，因为整体上那些40后、50后没有养成读书的习惯。在台湾把一个人的一生分成三个年龄阶段，学龄阶段、职龄阶段和乐龄阶段。学龄阶段并不是传统说的学龄儿童、学龄少年，学龄阶段是一个人的终身年龄，要活到老、学到老。第二个叫职龄阶段，职业年龄每个人是不一样的，一个本科毕业的，他的工龄再长，也比不过中专毕业、职业学校毕业的工龄长。如果一个人硕士毕业基本上是25周岁，博士毕业可能是29周岁，如果按照60岁退休，他们的学龄相对长，但是到了工作岗位，职业年龄相对短，职业成长的空间小。第三个年龄称为乐龄，什么叫乐龄呢？欢乐的年龄。我们到台湾去看公共图书馆，都有乐龄阅览室，他们绝对不会说什么夕阳红、老来青阅览室，都不会用这个概念，而是回避这个概念。乐龄，是欢乐地享受晚年的年龄段。所以一个人如果在学龄时期做到位了，在职龄时期做到位了，那么他乐龄阶段所享受的份额也会非常大。这方面我们有很多好的理念，只要保持终身学习的状态，就能够有很好的体会。

还有一本书也非常好，《成龙：还没长大就老了》。如果你遇到一个孩子的家长跑来问我们的馆员，这个男孩就是不肯好好学习，做事拖拖拉拉的，与其他同学相比掉下来一大截，怎么办？此时，你当然不能代表他父母去教训孩子。怎么办？很简单，你就把这本书默默找出来，建议他和他的孩子把这本书看一看，任何一个识字的孩子看这本书一点都不难，因为没有陌生的字，两三天就能读下来。读下来以后再去叫孩子体会，为什么成龙说自己唯一的遗憾就是没有好好读书？为什么成龙唯一的儿子没有成龙而是成了虫？为什么他要把书名叫作"成龙：还没有长大就老了"？成龙通过自己的回顾，把这个道理讲给我们的读者听，也讲给那些不懂事、学习态度不端正的学生和孩子听。

成龙说，现在一有机会就会跟年轻人说，一定要好好读书，现在只要在世界各地看到优秀的华人小孩，有文化、有修养、有气度，就会从心里觉得非常高兴。为什么？因为他觉得这些孩子都比他自己家里面那个坑爹的房祖名要有出息、有前途、有抱负。我认为，这类书都应该成为基层图书馆配置的资源。如何把我们鄞州区所属的社区图书馆、农家书屋接上地气、联上文脉、挥发书香呢？其实我们还有很多工作需要图书馆的业务骨干和一线的工作人员共同来研究探索。

因为时间关系，我就讲到这里，接下来的时间接受大家的提问。谢谢大家！

现场提问：听了您的讲座收获很多，您介绍南京大学的一些经验，推荐一个学生一学期读一本书，在引导高校学生阅读方面起了一个好的示范作用。我想问您如何才能把阅读推广活动做得更加深入？有没有其他拓展性的内容介绍一下？谢谢！

徐雁：在大学生阅读推广方面，首先，中国图书馆学会有一个下设机构，这个机构叫中国图书馆协会阅读推广委员会大学生阅读推广专业委员会，挂靠在武汉大学。他们有一个会刊叫《文华书潮》。每年都会有一个大学图书馆来承办"大学生阅读推广论坛"，我记得去年是在开封的河南大学，今年是在辽宁师范大学，明年会在哪里还不知道。要关注这样的信息有两个渠道，一个渠道就是东莞图书馆的全民阅读网，它会把每年专业阅读推广论坛的信息第一时间挂出来，挂出来以后大家可以去注册，表达参会意愿。

还有一个是中国图书馆学会秘书处的网站，它是全覆盖的，不仅仅是大学生阅读推广，其他方面的图书馆专业业务会议也都有。很多基层图书馆都说，我们怎么不知道有这些论坛？我们怎么从来没接到这方面的通知？现在都是数字化的时代，这些信息都是一手的，如果通过盖了图章的纸质会议通知转来转去的话，早就被人家网上抢注完了。通过参加这种论坛，我们可以获得更加丰富的信息，适合于自己的服务对象、所在岗位，可以与更多的同行交流。作为整体探索比较成功的案例，我们一般推荐的是湖南省高校图工委连续多年坚持下来的"全省校园同读活动"。这方面的内容在专业期刊网上有很丰富的案例和经验。作为知识平台，湖南省高校图工委的一个刊物，我估计鄞州区可能也会有收藏，就叫《高校图书馆工作》，是湖南省高等学校图书情报工作委员会主办的，挂靠在湖南大学图书馆。这个杂志尽管不是一个核心期刊，但它也是一个公开发行的刊物。从高校的角度来讲，北京大学的《大学图书馆学报》和湖南省《高校图书馆工作》两个杂志是目前在校园阅读方面提供集中、权威、全面资讯的两个刊物，可以作为参考。尤其是你如果自己做这方面的工作，有更多的心得和经验，也可以写成论文以后，在这样的刊物上发表，谢谢！

现场提问：我想问一下，比如我读一本很厚的书，我经常有点读不下去，我是逼自己读的，我想请教老师，怎样才能激发阅读兴趣？

徐雁：这个是属于读书方法的问题，你有这种读书潜意识，就是想读，但是对怎么读没有一个好的习惯，为什么呢？因为这个习惯跟学生时代的应试教育习惯有关，读一部书总想把这部书的人物、情节、对话，里面的什么东西都能记住，而且还试图说出来，其实不需要这样读。我们作为一个成人，就像我今天还推荐了一些阅读力方面的书，这些书都不需要你从头到尾看，更不用追求从第一页开始一直朝后看，甚至不断检查到最后一页还剩多少页，老是在关心页码，这种学习习惯就是应试教育的学习习惯。成人世界的阅读习惯是，读有缘的书，读自己读得下去的书。那怎么选择自己读得下去的书呢？你不要管什么名人说过一定要读什么、一定不要读什么。你就到图书馆去，体会你现在的心情、现在的感觉，看看自己是想要读一本家教方面的书、文学方面的书、历史方面的书，还是读一本传记、游记等。图书馆都是开架的，站在图书馆的书架前面，选择一本书名、作者、章节、出版社都让你有点感觉的图书，打开随手翻到一页来读。但是这一页一定要认认真真、仔仔细细看完，真正看进去，如果看完以后还想往后看，那这本书基本上与你是有缘的，这样的书借回去一定能读完，这是一种选择书的方法。还有一本书到手之后先看什么，一定是看目录上让你眼前一亮的那个篇章，把眼前一亮的篇章看完之后，你一定会脑洞大开。

（根据2017年12月6日的讲座录音资料整理）

以自己的视角品评一本书

□ 崔海波

主讲人简介：崔海波，宁波市海曙区全媒体中心编辑，浙江省作家协会会员，浙江省电视艺术家协会会员，已出版童书《圆圆和牛牛》《我是一条流浪狗》，散文集《石榴树》。2009年创作的散文《种草农民学日语》参加由中国青年报社、日本科学协会、人民中国杂志社共同发起的"笹川杯·感知日本"征文比赛并获得一等奖，受邀赴日本交流访问。

今天我与大家分享一下自己在读书和写书评方面的一些心得。当代有个著名的作家冯唐，他写的一本散文集叫《在宇宙间不易被风吹散》，他在书中这样说："如果我只能追求一种名牌，我一定追求教育上的名牌：上最好的大学，读最有名的名著。"冯唐这个人很有天赋，从小到大成绩很好，一路读到北京协和医学院博士毕业。我们很多人都没有像他这样的天赋，所以可能没有机会去读最好的大学，但是我觉得读有名的名著还是能做到的。我这些年来很喜欢读的书是普利策奖评出来的一些作品。普利策奖是美国的新闻奖，相当于我们中国新闻奖，它是引领潮流的。我看了这些书以后受益匪浅，对我的工作也有很大帮助。普利策奖它不仅评新闻，也评一些文艺作品，其报告文学奖和小说奖都很有看头。除此以外，《纽约时报》《华尔街日报》等也经常会评出一些畅销好书榜、月度好书榜，那些上榜书籍也大多被翻译成了中文。所以我觉得有名的名著真是多得看不过来，我们虽然上不了最好的大学，但还是能够享受到教育上的名牌。

现在这个社会比较浮躁，大家都追求点击率，事实上，点击不等于浏览，浏览不等于阅读，阅读不等于思考。看书的时候，如果一边看一边记录下自己觉得书里比较好的内容，或自己突然想到的一些什么东西，就可以把书本的精华内化为我们心灵的滋养，以我们自己的视角看一本书，每个人的人生经历不一样，感悟也会不一样。

下面我就从四个方面来讲讲书评的写作方法：标题、开头、主干、结尾。

一、怎样拟标题

标题很重要，大家都说它是一篇文章的"眼睛"。我讲一件我自己亲身经历的事情，大家就可以感受到标题有多么重要。很多年前，我在鄞州电视台工作的时候，有一段时间我到浙江电视台（以下称"省台"）去培训学习。浙江电视台有个新闻交流平台，每个县市台，比如说鄞州电视台这样的县级台以及像宁波台这样的市级台，大家都把自己觉得不错的新闻源源不断地送到这个平台上去。省台的编辑在中午12点开始选这些稿子，他打开这个平台的时候，罗列在每一个页面上的是20个新闻的标题。他选稿子看标题简直是一目十行，我还没看完一两个标题，他马上点击下一页，那一刻我深刻感受到标题有多么重要。怎么使我的标题在编辑停留在这个页面上的一两秒钟之际，进入他的法眼，这个非常重要。换句话说，你的文章写得再怎么好，如果标题不显眼的话，他一下就扫进垃圾桶里面去，因为他们每天收到的新闻稿实在是太多了。这一经历对我来说印象非常深刻。从那次学习回来以后，我更加注重提炼我们的标题，只要标题让省台编辑眼睛一亮，那这条新闻就有希望，他也许就会点进去看。如果他进而觉得新闻稿子也写得好，就有可能把电视画面调出来看看，画面也好的话，那么这条新闻晚上播出的可能性就大了。

今年7月开始咱们鄞州区图书馆会举办一个书评大赛。对于这次书评大赛，标题也是非常重要的。那么接下来我跟大家讲讲我自己在写书评文章的时候，我是怎样去拟定一个标题的。

首先我觉得写书评和定标题要结合当下的社会热点。比如说这一篇发表在《宁波日报》读书版头条的《人生实苦，但还是要微笑》，这是我看了美国作家特雷西的一部非虚构作品《生命如歌》之后写的。非虚构作品是纪实的，类似于我们以前熟悉的报告文学。《生命如歌》这本书讲的是什么？讲了一个非洲的青年，名字叫德奥，在1993年，他所在的国家布隆迪发生了种族冲突。德奥当时是一所大学里医学院的三年级学生，他为了逃避被追杀的命运，历尽千辛万苦，从布隆迪逃到了美国。他到了美国以后人生地不熟，语言也不通，只能打工养活自己，在这么艰苦的时候，他还是一有空就到图书馆和书店去看书，他觉得这两个地方是距离梦想最近的地方。后来在一对美国夫妻的帮助下，德奥考进了哥伦比亚大学，后来又到哈佛大学读研究生，研究生毕业以后，他回到了布隆迪，建立了一套公共卫生体系。

我看这本书的时候是去年的夏天。当时网上有一个新闻非常热门，甘肃的一个残疾青年考上了清华大学，但是因为先天双腿瘫痪，家里又非常贫困，父亲已经去世，如果要到清华大学读书的话，必须要有妈妈陪护着他去。所以他写了一封公开信，希望能得到一点照顾，发表在当地的报纸上。清华大学的招生办老师看到这封信以后，马上回了一封信，也是公开的，大意就是说，你的寝室已经安排好了，我们会给你单独一间，免去你的住宿费等费用。里面有一句话，当时很快被大家传来传去，成为一句流行语，说的是："人生实苦，但是请足够相信。"我将它稍稍改一下，"人生实苦，但还是要微笑"。这个也是蹭了一下社会热点，我觉得这句话作为标题，用到德奥的身上也很合适，因为在这本书里，他奶奶对他说的一句话重复出现："虽然生活很苦，但我们还是要笑一笑。"再怎么苦，我们也要笑一笑面对生活。这句话在整本书里面出现很多次，所以我就当作标题，并结合当下热点改了一下。

大家如果关注《宁波日报》读书版的话，应该都很了解，版面上一般情况下发三篇大的书评文章，然后边上发几篇小文章。头条是编辑比较看重的，我自己现在也在报社做编辑，每天面对一大堆稿子，常常犯愁哪一篇稿子能拎出来当头条。像前面说的那篇书评，这个标题一方面蹭了热点，另一方面也是比较励志，传递了正能量。我们写文章的人有一个感受，文章写好了，标题总是想不出来，文章好写，标题难定。

接下来再来看一个标题。这一篇文章叫《一个寒门学子的心路历程》，是我读了美国作家万斯的《乡下人的悲歌》后写的。这本书是一部自传。万斯出生于1984年，他在31岁的时候写了这样一本书。他说，一般人写自传都是到了老年的时候去回顾自己的一生，他31岁写，从年龄上来说确实是太年轻了，但是他想把自己从社会最底层向上流动的这个经历写出来告诉大家，也许会带来帮助。那么，万斯这个人是什么样的人？现在网络上有一句话很流行：投胎是个技术活儿。万斯投胎的技术非常糟糕。他的妈妈在18岁就怀孕了，高中毕业两个月后就生下了一个女儿，就是万斯的姐姐，19岁的时候又离婚了，之后他妈妈隔几个月就换一个男人。他妈妈在24岁那年生下万斯，万斯一直不知道自己的生父是谁。万斯从出生到青少年时代一直跟着妈妈，这几个月搬到这户人家里生活，过几个月又到那户人家里生活，他自己都不知道有多少个异父异母的兄弟姐妹。另外，他妈妈这个人在我们看来有点神经质，她是护士，但当不长，经常被开除，开除的原因非常奇葩，比如说她偷病人的药吃（她有吸毒史）、在急诊室里溜旱冰等。在我们周围，十五六岁的少年吃穿住行都是妈妈照顾，但万斯在青少年时代却要帮助他妈妈做一些超出年龄的事情。比如说妈妈被警察抓去了，他为了让妈妈早点出来，要去做伪证；为了帮他妈妈戒毒，他看了很多戒毒的书；等等。他读高中的时候，实在无法跟他妈妈的男朋友的孩子们相处，就跑去找他外婆了，总算才有了安定的生活。可想而知，他的学习成绩也不好，因此高中毕业就当兵去了。在部队中时，刚好伊拉克战争爆发，他就上前线去了。伊拉克战争给予他心灵上的触动很大，并不仅仅是因为两个国家之间的矛盾，还因为他到战场上以后发现，原来在这个世界上还有很多青少年，他们连生命安全和基本的吃穿都得不到保障。那一刻他感觉自己不是世界上最可怜、最悲惨的人了，这段经历对他的影响很大。他当兵回来以后非常努力地学习，后来考进了耶鲁大学，并且在读书的时候还找到了一个才貌双全的女朋友。毕业以后他在硅谷的一家企业里面工作，成了一个社会精英。

我觉得这是一个很励志的故事，但书评如果仅仅是写一个励志故事的话，我觉得就有点普通了。我刚才说了要结合社会热点。当时是2017年夏天，高考刚刚结束，北京有个文科状元，他接受新闻媒体采访的时候说了一段话，这段话被很多人转发，大意是说：农村地区的孩子越来越难考上好的学校。像我生于中产阶级家庭，衣食无忧，家长都是知识分子，而且身在北京这样的大城市，所以在教育资源上我享受到了得天独厚的条件，这是很多外地的孩子享受不到的，这就决定了我在学习上和他们相比确实能走很多捷径。这段话引发了很多讨论，有人认为这个高考状元说的都是大实话，但是传递的都是负能量，让很多学子自暴自弃，感到很绝望，感到自己已经在起跑线上输掉了，追不上人家了。我们中国有很多寒门学子，包括我自己也是出身寒门，我父母都是农民。《乡下人的悲歌》这本书出现在美国《纽约时报》畅销书榜的榜首，可见美国也需要正能量引导。我们也需要一个正能量的故事来引领，所以我就把这个标题结合了当时网络上热议的关于"寒门难出贵子"的主题，写了《一个寒门学子的心路历程》。这篇文章登了以后，很快被《光明日报》网站——光明网转载。

这是我讲的关于标题的第一个体会：最好能结合当下的新闻热点来写。

第二，我觉得标题里面要提出自己的观点，最好能与众不同。

我们有些人写影评和书评的时候，实在想不出好的标题，就写"读什么什么有感"。这样的标题肯定是没有错的，但是在标题里面看不出属于你自己的思想和观点。那么，接下来我就结合书评的文章来讲讲怎样提出自己的观点，并且把它旗帜鲜明地在标题上显示出来。这样的话无论是评委还是编辑，他看了以后就知道你的想法。

比如说，《父母是奇迹的创造者》这篇文章，是我看了美国的一本小说《奇迹男孩》后写的。这本小说在美国非常著名，它连续两年蝉联《纽约时报》童书类榜首，而且这部小说还拍成了电影，电影我也看过了。很多人看了《奇迹男孩》这部小说或者这部电影以后，觉得它是一个励志故事。它确实是个励志故事，但因为我以前是做老师的，所以对跟小孩子有关的书，常常会从另一个角度去看。我觉得这个孩子之所以能够让大家称为奇迹男孩，他的家庭教育起到了很大的作用。所以我把书评标题就定为"父母是奇迹的创造者"，这个孩子是靠父母教育培养的。

这本书的主角是一个10岁的男孩子，他一出生就得了很多病。他10岁之前动了27次手术，后来虽然身体基本康复了，但是长得非常丑陋，人家看见他都远远躲起来，起一些很难听的绰号给他。他10岁之前都没上过学，但他妈妈非常能干，都是他妈妈教育他。10岁之后他有机会去读一所普通的中学，去了中学以后，可想而知，他遭到了同学们的讽刺、讥笑。但后来在老师、同学、父母的帮助下，他克服了自卑心理，收获了同学的友谊。

这本书里面讲到了父母是怎么跟男孩交流的。比如说，男孩有一个习惯，出门的时候要戴一个面具。他也知道自己长得太丑了，别人看见他总是逃走，他干脆就戴一个面具。但是他的爸爸妈妈从不虚伪地对他说"你在我眼里很可爱"。他爸爸会非常真诚地蹲下身子跟他说："我看不到自己孩子的长相，我心里很难过。"他就谈自己的感受，我觉得这样的家庭教育就很好。他的父母也很讲原则。比如说男孩第一天去学校读书回来以后肯定是很郁闷的，因为他被同学嘲笑、排挤，闹情绪了。其实在他读书去之前，父母之间的意见是不统一的，一个希望他去读书，另一个不希望他去读书，因为怕孩子被欺负。两个人因为意见不统一，就征求孩子的意见，男孩说自己想去读书。父母认为既然你想读书，既然你想去一所普通学校里读书，你就是一个普通的孩子，你就不能得到特殊照顾，要自己去面对所有的困难。所以等他第一天从学校里面回来情绪不好的时候，他父母就不理他，你不吃饭就不吃饭。还叫他道歉，说你为什么冲着我们家长发脾气，你已经去了普通学校，就必须面对困难。我觉得他们家长不溺爱孩子，不迁就孩子的情绪，这对孩子的成长很好。我是从一个老师、一个家长的角度来看这本书的，所以，我觉得父母是奇迹的创造者。这就是我的与别人不同的观点。

那么，接下来再看一篇《妥协也是一种智慧》，这也是在标题里面提出我自己的观点。这是我看了斯特凡诺的《从不妥协》这本书后的评论。这本书是讲意大利记者奥莉娅娜·法拉奇的故事。法拉奇在新闻界是非常著名的，被誉为"20世纪采访女王"，她的个性非常强烈，她如果要采访某一个人，一定要锲而不舍找到这个人。她采访了很多国际上的政治要人，比如我们国家的邓小平、美国的国务卿她都采访过。书中讲到她绝不妥协的例子很多，比如：当时美国的电影明星玛丽莲·梦露离开公众视线已经一年多了，法拉奇想知道梦露到哪里去了，一定要找到她、采访她。她就到梦露可能出现的地方去找，跑了20家餐厅、18家夜总会等，她认为梦露可能会去的地方她就去找。法拉奇去寻找梦露的这个经历后来也被其他的媒体记者当作新闻来报道。这本书讲到了她成功采访一些名人的事情，她的故事对于我们新闻从业人来说当然是很有教育意义的，告诉我们怎样去想办法报道某一个新闻事件。但是我觉她得从不妥协、锲而不舍的追求精神，如果用在生活上，反而常常会撞得头破血流。虽然整本书主要讲她事业上的成功业绩，但也讲到了一些生活上的东西，我就在这篇书评里面重点讲她这种从不妥协的精神对她的生活造成的伤害。

法拉奇30多岁的时候爱上一个男人，但是那个男人不爱她。法拉奇个性就是：你不理我，我偏偏追求你。她把锲而不舍的精神用在追求男人身上了。她给这个男人写情书、织毛衣、送礼物，跟他同居，给他洗衣服、做饭。后来法拉奇怀孕了，那个男人却一点没有喜悦的心情，跟她说，你去把孩子打掉，并且要求打胎费一人一半。法拉奇听到他这样的态度以后非常伤心，后来流产的时候大出血，从此以后丧失了生育能力。这件事情对她打击非常大，以至于她得了抑郁症，之后好几年生活在精神病医院里面，出来以后再也没有去做记者。当然她文笔很好，后来在文学创作上取得了很好的成绩。法拉奇到晚年回顾自己的一生，有很多的遗憾，其中一个就是她不应该这样去追求一个男人，得不到就算了。我看了这本书以后，就在书评标题里提出了跟书名截然相反的观点：妥协也是一种智慧。我觉得有些时候必须向周围的环境妥协，向自己内心妥协。这当然很难做到，但是妥协确实是一种智慧，至少能够保护自己。这是我自己的第二种感受：要在标题里面旗帜鲜明地表达自己的观点。

再来看下面一篇书评《可怜天下儿女心》，这是我看了季羡林的儿子季承写的《我的父亲季羡林》之后写的。大家都知道季羡林先生是国学大师，他的散文也写得很好，可以说他的散文代表了当代中国散文的最高水平。我为什么这么说？因为1997年，我们中国的最高新闻奖中国新闻奖第一次把报纸副刊的作品纳入评奖范畴，也就是说散文随笔也纳入了中国新闻奖的评奖范围。这个奖项是带有导向引领作用的，这时候季羡林的一篇《清塘荷韵》获得了一等奖。所以这些年我读了很多季羡林先生的散文，我把他的散文当作范本来学习。这样一个偶像级的人物，我当然很想知道他在生活中是一个什么样的人，于是读了这本书。这本书是他的儿子季承写的，我看了这本书以后，对季老先生有了一点了解，但是最让我感动的是他的儿子和女儿。我们在座的每一个人小时候肯定都写过爸爸和妈妈，写这篇作文的时候，恨不得把世界上最美好的词语都用上去。但是季承写这本书的时候，从头到尾都在怨恨自己的父亲，为什么怨恨他的父亲？因为他的父亲对母亲不好，也就是说季羡林对他的妻子很不好。

季羡林有两个孩子，大的是女儿，小的是儿子。他的婚姻是包办婚姻，100年前包办婚姻非常正常，自由恋爱反而显得很另类了。季羡林在他的儿子季承才一周岁左右的时候到欧洲去留学，一去就11年。这期间因为抗日战争的缘故，他跟家里人几乎是断绝音讯，是死是活都不知道。11年以后回来，他在山东老家逗留了很短的一段时间，就到北大去当老师了。所以说，他虽然回到了国内，跟妻子还是两地分居，长达13年。季承小时候也不觉得父母之间的关系有什么不正常，后来随着他年龄的增长，他感觉父母关系是非常不正常的。他和姐姐两个人大学毕业以后到北京工作，也就是说季羡林和他的孩子三个人都在北京工作，而他的妻子还是在山东。那个时候，季承已经是成年人了，就跟他父亲提出来要把母亲接到北京生活，但季羡林先生直截了当地说："我跟你母亲没有感情。"季承听了以后当然是不罢休的，他就给北京大学领导写信。北大的领导接到他的信以后，很快就解决了这个问题，把季羡林夫人的户口迁到北京，还给他解决了住房问题。其实，以季羡林先生在北大的地位，他如果自己开口说的话，领导很快就会帮他解决的，但他实在是不希望他妻子到北京来。季承和他姐姐两个人为了使父母之间感情稍微好一点，付出了很大的努力。其中一点就是刚刚说的把妈妈接到北京来。他和姐姐两个人各自成家以后，每个星期都要到父母家里去吃饭，他认为至少一个星期里面有这么一天，家里是有说话的声音，有笑声的，是比较热闹的。

我看了这本书以后就很感动。虽然他们两个人付出的努力没有收到任何的效果，但是这些行为确实是很感动我的。季承的母亲去世以后，季承跟他父亲大吵一架，两个人虽然不是明确地断绝了父子关系，但是在之后长达13年时间里面，两个人都生活在北京，季承从不去看望他父亲。一直到季羡林先生快去世的时候，季承才去看了一次。我觉得每个人看这本书的感受不一样，有的人可能会对季羡林先生在文学方面的成就写一篇书评，或者根据他养猫的兴趣爱好写他的生活情趣，但是让我最感动的还是他的儿女。所以我借用了一句名言"可怜天下父母心"，改了两个字，改成"可怜天下儿女心"。这样就在标题里面提出了我自己的观点。

二、怎样写开头

每年高考结束的时候，很多人都在说，高考作文改卷的老师几乎是几秒钟、十几秒钟就把一篇作文改好了，把分数打出来了。我不知道是真是假，但是很多人都这么说。如果在几秒、十几秒里面看完一篇文章的话，说明他根本就不是从头到尾看的，一般都只看个开头和结尾，可见开头是非常重要的。如果开头很平庸的话，那这篇高考作文的分数就高不到哪里去。

事实上，写文章没有固定的写法，只是每个人写得时间长了，会有自己的写作习惯和风格。我自己在写文章时，无论是书评、新闻、散文，我在开头是比较花时间的。我的习惯就是先声夺人，写书评时把这一本书或者这个作者的最亮点拎出来放到开头去写。这样的话，无论是编辑或是评委，他看了开头这短短一小节以后，会觉得这本书值得一看，这篇文章也蛮有嚼头的，他就会看下去。也就是说，开头短短的一句话就吊住了读者的胃口。

比如说这篇《人生终须一次妄想》，这是我看了美国作家科尔森的小说《地下铁道》以后写的书评文章。我发现我周围的很多人不喜欢看西方作家作品，尽管那些作者在自己的国家非常著名，但是我们很多人都不知道。为了让大家有兴趣去看这样一本书，我就必须在开头着重介绍一下。这一篇书评开头我像写新闻稿一样："今年4月10号，第101届普利策奖获奖名单在哥伦比亚大学公布，科尔森的《地下铁道》获得了小说奖。科尔森1969年出生，毕业于哈佛大学，被媒体誉为美国在世作家中最出类拔萃的一个。"这样短短的几行字，我觉得传递出来的信息还是蛮多的，比如说，他刚刚获得了美国最重要的一个新闻奖项，并且他毕业于名校，被誉为最出类拔萃的作家。把这些亮点一个个在开头罗列出来的话，读者就有兴趣看下去了。

再比如说这一篇《一个女博士眼中的乡村图景》，这篇文章是我看了广州的一个教授写的一本书后写的。这个教授其实不是很有名，叫黄灯，是广州一所不太著名的大学里面的老师，写的这本书叫《大地上的亲人》。但是，我觉得对一个不是很有名的作家，一本没有获得过很高奖项的书，我们应该尽量去找亮点。后来我发现在新浪网上，这本书曾经获得了新浪好书榜第二名。很多人现在买书的时候是看榜单的。比如新浪好书榜或者亚马逊好书榜，我就可能会点击进去看看排名前十的书是不是符合自己的胃口，喜欢的话就买下来。这本书在新浪好书榜曾排第二名，说明在一段时间内还是比较畅销的，我就把这一点拎出来放在这篇书评的最前面。这本书是一本纪实作品，对我自己新闻写作的影响也蛮大的，我觉得值得一看。

再比如下面一篇《有追求的人一直在路上》，这是我看了特雷西的《越过一山，又是一山》这本书以后写的书评文章。特雷西这个作家其实非常著名，刚才前面讲到过的《生命如歌》也是他写的，但是我们很多人都不知道这个作家，所以我在书评开头就介绍了一下这个作家，大致说特雷西是美国著名的作家，曾经获得过美国普利策奖、罗伯特·肯尼迪奖、国际报告文学奖，他的非虚构作品《越过一山，又是一山》记录的是一名叫保罗·法默的医生不走寻常路，追寻自己人生目标的经历。那么读者看到这篇书评，虽然不知道这个人的名字，但看到他获得过这么多奖项，可能对这本书也会重视，也会有兴趣去看。

还有一些作者，如果排行榜记录也没有、得奖记录也没有，作者本人也不是很著名的话，书评应该怎样写？我认为开头要非常简单地介绍一下这个书的作者和这本书，越简单越好。比如说《人生是一杯五味杂陈的茶》是我看了一本跟茶有关的书后写的，因为我自己比较喜欢喝茶，所以也看过跟茶文化有关的书，这本书是珍娜·缪赛卡的《孤独的时候不如吃茶去》。作者其实不是很著名，她是一家企业创始人，这本书记录的是她白手起家创办一家茶叶公司的历程。我就在文章开头简单介绍了一下这些信息。这篇文章在《宁波日报》发表以后也被光明网转载了。

三、怎样写主干

书评文章一般都不长，我们这次书评大赛也就要求1000字。我自己平时在写的时候，一般写1500字左右，主要是为了迎合《宁波日报》版面要求，其他本地的报纸如《鄞州日报》《宁波晚报》的要求也差不多。如果写五六千字的话，可以写得很全面了，因为一本好书肯定有很多值得我们学习的地方。比如说小说，它的结构安排、人物塑造、故事题材选择和语言风格，都有很多值得我们学习的地方，可以逐条去分析。但是，在一篇千字书评里面不可能面面俱到，你只能把最打动你的、感悟最深的点写下来，其他就不写了，或者是三言两语简单带过。

比如说，《一个故事里开出的另一朵花》这一篇书评文章是我看了小说《奎妮的情歌》后写的，我在它的主干部分着重分析的是同人小说的写法。《奎妮的情歌》跟《一个人的朝圣》是同一作者——英国作家蕾秋·乔伊斯，《一个人的朝圣》在我们国家也比较畅销。《奎妮的情歌》跟《一个人的朝圣》是姐妹篇，我先把《一个人的朝圣》简单介绍一下。这本书讲了一个叫哈罗德的65岁老男人，他收到过去的女同事一封告别信。这个同事名字叫奎妮，她在信上说自己得了癌症，即将过世，写这封信是向他告别，也是向人生告别。他收到这封信以后，马上写了一封回信，写好以后拿到邮局里面寄。但在去寄信的路上，他思想发生了变化，他觉得必须要走着亲自去看望她，当面把信交给她。他为什么这样想？他认为这封信今天寄出，奎妮明天收到的话，那么她明天可能就死掉了；但如果自己还在走的话，她可能还在等他，这样的话，只要自己不断在走，她就不会马上死掉。于是他就开始走。从哈罗德住的地方到奎妮住的地方有500英里，相当于800多公里，他就这么说走就走。他走了87天，终于走到了奎妮的病床旁边，那个时候，奎妮其实已经奄奄一息了，话也不会说了。奎妮艰难地睁开眼睛，两个人眼神对上了，确认过眼神以后，奎妮就闭上眼睛死掉了。这个故事就是《一个人的朝圣》，这本小说曾经在2012年获得过英国最佳新人小说奖。在这本小说里面，哈罗德这个人物形象非常饱满，整本故事就是叙述他从家里出发到奎妮住的地方去的经历。他在路上遇到了很多困难，

博览求知篇

BO LAN QIU ZHI

以自己的视角品评一本书

137

比如说钱用光了，只能露宿街头，甚至向别人乞讨一顿饭什么的；还写到他的一些回忆，回忆自己曾经跟奎妮一起工作过的事情。小说是以哈罗德行走的线路写下来的。

在那本书里面，奎妮的形象非常模糊，因为她是配角，当然这不影响整本小说的感染力。我们以前看小说，如果这本小说有上下两册，第二本小说的故事情节应该是在第一本的基础上继续发展下去的。这本小说不是这样，《奎妮的情歌》跟《一个人的朝圣》在故事情节上没有承接关系，而是起到了补充和呼应的作用。这类似于当下网络小说里面非常流行的一种体裁，就是同人小说。其实在这之前我没有看过同人小说，因为我不看网络小说，所以对同人小说没有研究。看了这本小说以后，我才知道同人小说是怎么回事。所谓同人小说是指利用某一作品原来的角色、情节、背景等元素进行的二次创作。比如说大家都知道《红楼梦》这部小说，如果我把林黛玉、贾宝玉这2个角色拎出来，故事背景还是在大观园，我自己再编造一个故事情节，人还是这几个人，地点还是这个地点，这就是同人小说。我在读第一本小说的时候有很多疑问没搞明白，比如他们两个人之间过去是不是单纯的同事关系？如果是普通同事的话，奎妮写了一封信，值得哈罗德艰苦跋涉800多公里去看望她吗？我觉得有点疑问。另外一个，在第一本小说里面，哈罗德的妻子得知自己的丈夫去看望一个女同事的时候，暴跳如雷，我认为肯定是有原因的。还有一个，第一本书里面讲到了哈罗德的儿子自杀了，为什么自杀？这些都没有交代。第一本小说虽然故事是完整的，但有很多疑问。这些问题在《奎妮的情歌》里面都找到了答案，就像古代章回体小说的叙述手法，"花开两朵，各表一枝"，一个故事里面开出了两朵花。第一本小说是从哈罗德的角度，以他为线索来写，第二本小说《奎妮的情歌》则写的是奎妮在病床上回忆自己的一生，特别是回忆了她从前跟哈罗德两个人非常暧昧但没有被点破的关系。事实上，哈罗德在其他同事眼里是非常窝囊的人，但是在奎妮的眼里是一个男神。所以我在这一篇书评里面着重分析了同人小说的写作方式。同人小说在眼下青少年当中非常流行，我女儿有个同学读高三的时候，每天晚上9点到11点雷打不动写两个小时小说，据说在网上有很多粉丝。她在高考结束那个暑假期间写网络小说还赚了6000多块钱，说明同人小说还是有市场的，但我这个年龄就不太喜欢看。我这一篇评论可能跟别人写的书评不一样，所以后来也被光明网文艺评论板块转载了。

接下来再讲讲前文讲过的书评《有追求的人一直在路上》。小说《越过一山，又是一山》，刚才我在讲文章开头的时候已经介绍过这本书了，是美国作家特雷西写的一本非虚构作品。前面讲了它的开头，接下来讲讲我在这一篇书评的主干部分是怎么写的。

这本书讲的是一个医生，名字叫保罗·法默，毕业于哈佛大学，是医学博士和人类学博士。一般这样的博士毕业以后，在美国随便一家大医院里面做个医生，就可以过上优越的生活。但是法默这个人就是不走寻常路，他在读大学的时候，一半时间在哈佛大学读书，一半时间到很贫穷的国家去救死扶伤，一边学习一边实践，虽然有一半时间在外面，但考试成绩还是挺好的。他工作以后，每年只有4个月时间在美国，其余时间都在世界各地最贫困的地方实现自己的理想，他的理想就是把自己学到的现代医学知识奉献给最需要它们的人。这本书当中，不仅仅是法默的这种国际主义的救死扶伤精神打动我，我觉得作家特雷西的深入采访，把自己融入故事当中，作为一个记者、一个作家的这种敬业精神也非常打动我。

很多记者去采访先进人物时，坐在办公室里或者是咖啡馆里，听对方讲讲故事，回来添油加醋，一篇文章就写出来了，这种文章也能发表，有些甚至也能得奖。但特雷西不是，他就跟着法默贴身采访，法默去救助贫困人口的时候，他也跟着去。所以这本书是以第一人称写的，在书中常常可以看到作者的身影出现在这个故事当中。比如说，某一个章节里面写到，今天我跟法默一起走了多少路，到了某一个穷人家里面，法默是怎样对这个人进行救助的。刚才我在前面讲到的另一本《生命如歌》里面，特雷西为了采访德奥这个青年，跟着他沿着当年逃亡线路再走一遍，一边走一边听德奥说他当时是怎样，遇到了什么样的人，遇到了什么样的困难……我觉得特雷西作为一个作家，正是因为他如此深入地去采访，才能写出接地气的作品来。这是我从一个记者，一个写作者的角度来说，我觉得这本书打动我的地方。

这本书的名字叫《越过一山，又是一山》，书名其实是当地的一句谚语，意思是说你解决了一个问题以后，新的问题又摆在前面，你只能不断地前行。这本书的书名用在法默医生身上当然非常合适，因为他救助了一个地区的贫困人口以后，其他地方的贫困人口也还等着他去救助，他觉得这世界上有很多人都等着他去救死扶伤。而我觉得这个标题用在特雷西这个作家的身上也是非常合适的。他写了一本畅销书，得了普利策奖以后，没有躺在自己的功劳簿上，而是去寻找新的题材，跟着新的采访对象跋山涉水，主人公到哪里工作，他就跟着到哪里采访，也是"越过一山，又是一山"。所以在这篇文章的主干部分我就着重分析了他第一人称的写作特点，作家自己参与到故事当中去，他不是一个故事的旁观者，而是一个故事的参与者。我们现在有一种散文的写作方法叫在场主义，就是说我在现场，我在故事里面，我也是其中的一个角色，这样写出来的作品更真实、更接地气，让人家觉得更容易接受。这是我在这篇文章的主干部分分析的内容。

那么下面来介绍关于小说《会消失的人》的书评文章。《会消失的人》这本小说是法国人纪尧姆·米索写的，我看了以后感觉它的叙事风格非常有意思，写了书评文章《如果每年只能活一天》。这本小说很另类，是超现实主义的，讲了一个很离奇的故事：一个年轻人在24岁的时候，从父亲那里继承了一套房子，父亲告诉他，这套房子的地下室的门不要打开。但年轻人好奇心很强，他偏偏去打开，打开以后厄运就来了。在接下来的24年里面，他每年只能活一天，这一天结束就突然一下子人间蒸发了，到哪里去了也不知道，干了些什么也不知道。一年以后，他又突然出现在某一个地方，过正常人的生活，24小时以后又突然蒸发。就讲了这样一个非常荒诞的故事。

这本小说给我印象深刻的是它的结构。写小说，一般是按照故事的发生、发展、结果这样的过程来写的，这本小说不是，它是用写历史书一样的方式来写的，像编年体一样。编年体大家都知道，比如说1368年朱元璋建立明朝、1405年郑和下西洋，哪一年发生什么事，就是编年体。这本小说也是用这种编年体来写的，一年一个章节，一个章节是一个完整的故事，这个故事跟下一个故事之间没有承接关系，因为他突然消失了。比如1993年发生的故事，这一章节的标题就是"1993年"，然后讲了1993年的某一天他突然醒来之后这一天里他的生活经历，然后突然消失了。这一年他醒来发现自己在一个单身女人的浴室里面，女人正赤身裸体地洗澡。接下来女人报警，然后警察来抓他，把他关到监狱里，刚关进去，他就消失了。再比如1995年的时候，他在纽约的一个地铁车厢里醒来，周围是一群流氓，把他身上的财物都搜刮光了，他两手空空走出地铁站，这一天又发生了一些故事。再有2001年，他在一家酒吧的厨房里醒来，发现他的女朋友就在酒吧里面借酒浇愁，思念着他。于是又有故事发生了。所以我在这篇书评的主干部分就写了这种编年体的叙事方式，我觉得挺有意思。

再比如说《奇迹男孩》这本书的书评，我刚才讲标题的时候讲到过。这部小说主干部分的叙事结构，我觉得也挺有意思，是非线性的叙事方式。线性就是一根线下来，从故事发生、发展到结果，这本小说是非线性的，是立体的，为什么这么说？因为它每个章节之间故事没有承接下去。第一章是以主人公自己的角度来讲自己的故事，第二章是以他的姐姐的身份讲"我弟弟是什么样的人"，第三章又以同班女同学角度讲。不同的人从不同的视角介绍这个人，塑造了一个立体的形象。所以我在《奇迹男孩》的书评文章主干部分就分析了它的叙事结构。

四、怎样写结尾

刚才讲过《地下铁道》这本小说，我的书评文章是《人生终须一次妄想》，它的开头是以新闻的方式写的，接下来讲结尾。我觉得书评文章的结尾部分一般会写写自己的收获，比如说《地下铁道》这一篇书评文章结尾部分，我就写了自己的感受。首先我来介绍一下这本小说。它的时代背景应该是美国的南北战争时期，在美国南边还是奴隶制，北方已经自由了，所以南方的奴隶都想逃到北方去，那时候有个词语叫作"北逃"。但是北逃非常困难，1000个人里面能够成功北逃的大概也只有1个，当时是有数据统计的。科拉当时是一个十六七岁的女孩子，她觉得自己不逃，在南方继续做奴隶的话，人生会很绝望，看不到希望。虽然逃的话可能也要被抓来，可能也会是死路一条，但好歹前面充满了希望，只要逃出去就能得到自由。所以她就逃了。在逃的过程中，她遇到了非常多的困难，半途还被抓回来，抓回来以后她又逃，最终逃到了北方。所以在结尾部分，我就写自己看了这本小说以后的感受："科拉的逃亡故事像是一个寓言，告诉读者：梦想不会在犹豫不决中结出果实，与其囿于困境中自艾自怜，不如勇敢地迈出改变命运的第一步，哪怕只有千分之一的希望，也要付出千分之千的努力。"我觉得科拉的故事就是一个励志的故事，有千分之一的希望也要付出千分之千的努力。这是我看了这本小说的感受。

另外，刚才讲到的《奇迹男孩》这本小说，我看了以后在书评中提出了自己的看法，而不是谈感受。有时候在小说看完以后，我有一些看法，比如看《奇迹男孩》的时候，我是从老师、家长的角度去看这本小说的，我的看法是什么，我就把它写下来。书评《父母是奇迹的创造者》的结尾我这样写："望子成龙，是很多家长的期盼，而事实上，这个理想不容易实现，因为我们大多数人没有'龙'的潜质，既然如此，不妨学学奥吉的父母，'望子成人'，把孩子培养成一个身心健康的普通人。"这是我看了这篇文章以后提出的自己的看法。

以上，我从文章的标题、开头、主干、结尾四方面介绍了我自己在书评写作中的体会。假如说你十年八年没有写过书评文章，这次突然想参加一次大赛的话，可能会感觉无从下笔，有点困难。有的人看了一本书以后内心有千言万语，却不知道怎样落笔。所以说，我们要养成一种记录的习惯。我从小养成的习惯就是看书时，边上会放一个本子、一支笔，随时记录。现在看的书是电子书了，但旁边我也是放着手机的。我在手机里面安装了语音识别软件，看到一段话蛮好的，就把它读出来，记录在备忘录里。有时候我看了某一个章节想到了生活中的一件事情，我马上就对着手机说一通，这样的话，一本小说看完，备忘录里面就已经有两三千字的积累了，再复制到电脑里去的话，书评的大概框架就有了，再把文字组织一下，一篇书评很快就写好了。有时候书评文章没有几千字那么多，只有三四百字可以写，也要记录保存。比如说《以自己的方式行走天下》这一篇书评文章，我看了至少四本书之后，在这篇书评里面写了我看这几本书的心得体会。我把一本书看完以后写了三四百字，不成篇，就放着，另外一本书看了以后也有三四百字，把同类题材内容整理一下，也能成为一篇蛮好的书评。这篇文章《宁波日报》登了以后，也被光明网转发了。

我今天讲这些，主要是跟大家交流一下自己的心得体会。如果你真心喜欢看书，喜欢写书评，就应该在平时养成一种随时记录的习惯。

（根据2018年7月28日的讲座录音资料整理）

中国气象卫星及其应用

□ 董瑶海

主讲人简介： 董瑶海，浙江宁波鄞州姜山茅山董家跳人。中学就读于茅山中学，高中就读于姜山中学，大学就读于哈尔滨工业大学，1986年工作于上海509所，2006年至今工作于上海航天局。参加了风云一号四颗星发射，2006年任风云三号总设计师，2009年任风云四号总设计师。

宁波老乡好！我现在习惯了用普通话，用宁波话来表达或许很多内容会讲不清楚，所以今天我还是用普通话讲。我今天向大家汇报的题目是"中国气象卫星的应用"，总共分六个部分。

一、气象卫星的作用、分类

气象卫星是从外空间对地球大气层进行观测的人造地球卫星，它是卫星气象观测系统的空间部分，主要用于监视地球的气象和气候变化。气象卫星的作用空间范围覆盖广、实时性高，在连续跟踪、观察等方面有不可替代的优势。气象观测分两部分，一部分是地面观测，一部分是卫星观测。地面上的观测局限性非常大，海洋上就有近80%的地方没有办法观测，只有靠卫星来观测。气象卫星观测的主要内容首先就是云，云顶的温度、云层的状态、云里面的颗粒物情况，以及冰雪、风沙、海面温度、海冰等。特别重要的是水的含量、湿度分布以及臭氧浓度等，这些内容有助于检测天气系统的演变，为研究气候变化提供了大量的基础资料。比如，载人飞船起飞之前，肯定要看看天气情况怎么样，这都是依靠气象卫星来保障的。

据中国气象局的资料，气象灾害对我国造成的损伤占自然灾害的71%。1949年台风造成上海2000多人死亡；1956年的第12号台风，仅浙江就有5000多人遇难，17000余人受伤，200多万间房屋倒塌，所以台风是非常严重的灾害。卫星的加入使台风预报准确率逐年提升。我这里说一个数据，以前台风24小时预报大概准确度是300公里，也就是说有300公里方圆的误差，台风在宁波登陆还是上海登陆很难预报。现在是78公里。什么意思呢？在78公里范围内的人转移就行了，不需要像以前那样需要转移300公里内的人，仅这一项，节约的资源就不得了。

气象卫星现在应用越来越广泛，不光是气象，在减灾、环保、农业、林业、土地、水利、海洋、生态等领域都能发挥非常重要的作用。

气象卫星按所在轨道可分为两类，一类叫作极轨气象卫星，如"风云三号"，就是飞行在800公里上空，沿着地球南极北极飞过，每天这么飞，102分钟飞一圈。再加上地球的自转，它可以看世界任何一个角落，一天看一到两次。另一类叫地球静止轨道气象卫星，就是在36000公里的上空运行，跟地球自转速度一模一样的，如"风云四号"就是在我们头顶上的。大概是这么飞的，一个是沿着两极飞，一个是跟地球自转速度一模一样，一直停在头顶上不动。两个卫星的作用是完全不一样的。极轨气象卫星是全球范围的，高分辨率的，可以看得更清楚，范围更大。静止轨道气象卫星可以凝视某个地方，比如1000千米×1000千米的区域，"风云四号"35秒就可以看完，并且可以以这种方式连续观察。静止轨道气象卫星和极轨气象卫星相互补充协同工作就可以得到完整的全球气象资料。

二、国际气象卫星的发展现状

就国际而言，应该说美国在气象卫星方面的科技水平最高。1960年4月，美国发射了第一颗气象卫星TIROS-1号，它工作了78天，是人类历史上第一次从太空观察大气层。美国总共发了44颗气象卫星，目前有9颗卫星在轨工作。欧洲发射了16颗，目前7颗在轨工作。中国在1988年发射第一颗气象卫星，迄今总共发射了15颗，目前8颗在轨。国外极轨气象卫星我就不介绍了，他们叫NOAA卫星（海洋大气管理卫星），已经发射18颗了。国外静止气象轨道卫星就是以美国为代表，比"风云四号"早发射一个月，2016年10月发射的，我们是11月发射的，是同代卫星。

刚刚我介绍了极轨气象卫星跟静止轨道气象卫星，气象卫星还分为好多种类，比如上午星、下午星。上午星就是指气象卫星在上午时飞过这个地方；下午星则是气象卫星在下午时飞过这个地方，两星配合，可重复观测整个地球表面，两个卫星走不同的轨道就组成了上午星、下午星。美国是跟欧洲联合起来组成的接轨体系，我们国家肯定不可能跟美国、欧洲联合组成体系。

三、中国气象卫星的发展情况

中国的气象卫星发展很快，20世纪70年代国际上有关气象卫星的技术基本上被美国垄断，周恩来总理高瞻远瞩地指出，要搞我们自己的气象卫星，并于1970年下达了相应的研制任务，从此拉开了我国气象卫星研制的序幕。那时候我们国家没有气象卫星，只能从零开始，团队由全国各单位派出的优秀人才组成。那时候我才六岁，我们国家就开始研制"风云一号"气象卫星了。

经过四十年的发展，我国共研制两代四型"风云"气象卫星。我们国家的卫星技术已经从极轨发展到静止轨道，从单一仪器观测发展到多种仪器观测，从定性发展到定量变化，从单星系统发展到多星系统。替代"风云一号"系列的是"风云三号"系列，替代"风云二号"系列的是"风云四号"系列。我们国家共发射了15颗气象卫星，目前还有8颗在天上正常运行。

"风云一号"从2002年到现在还在运行，寿命非常长了。"风云一号"发射上去以后不是特别成功，当时只工作了39天，并且还遇到了很多问题，但是由此我们了解到了很多空间环境的情况。比如星载计算机，我国是第一个将计算机装载在"风云一号"上发射的。计算机在地面上的时候是没有问题的，但天上空间环境不同于地球表面，空间重粒子经常导致CPU工作不正常，所以卫星经常失控。另外一个问题是，我们的卫星里面有一个长波的红外探测器，它在太空中是在−180℃的环境下工作，那时候我们没有经验，打开一天里面就完全结冰了，就没信号了，会产生很多的问题。

"风云二号"也经历了很多失败，最惨的是第一颗爆炸了，并且为了这颗卫星还有人牺牲了。但自其成功以后，就成为短期天气预报不可替代的预报手段，缺了它不行。

"风云三号"气象卫星实现了跨越式的发展。这个卫星立项的时候，全世界没有人看好我们，不认为中国能把这个卫星搞出来。"风云三号"装载的仪器，由原来12个增加到15个，都是非常高水平的仪器。"风云三号"是极轨气象卫星，飞行时往地球两极飞出去，它角度有点斜，并排跟两极平行，每102分钟绕地球飞一圈，再加上地球自转，能看到地球上的任何一个地方。

"风云四号"气象卫星主要在36000公里上空工作，所以它的设计制造难度是可想而知的。我们第一次配置了扫描辐射计、大气垂直探测仪和闪电成像仪。这些仪器欧洲人是分两颗卫星上的，我们是一颗卫星装载上去的。美国由于经费原因，国会把它砍掉了，所以他们最后没造。

"风云四号"入轨的过程是这样的：火箭发动机熄火以后，星箭分离。其实从星箭分离到卫星翻板打开，总共只有26分钟，但这26分钟的等待是非常焦急的，好像一两天的感觉。卫星翻板成功展开以后，就可以宣布本次卫星发射成功。"风云四号"的轨道并不是一个圆形，它是一个椭圆轨道，所以卫星要自主进行五次变轨，五次点火，把速度增加到设定值，最后将轨道定点在我们国家上空，这个变轨要经历5天时间。"风云四号"覆盖地球多少范围呢？现在定点在东经107度上空，可以覆盖地球的大部分范围，在我国上空时刻都能看到。

这是"风云四号"的大致情况。2008年完成首发星以后，我就退出了"风云三号"的工作，2009年开始就从事"风云四号"的工作去了。遥感卫星中最复杂的是机、电、热一体化，在天上高温、高压、真空环境中能正常工作是非常不容易的，并且还要达到五年、七年寿命，像电风扇一样不停转，不能坏。我们第一颗星就达到了这种工作水平，可以稳定运行，时时刻刻产生数据。

"风云四号"气象卫星里面的核心仪器，当年我去欧洲跟欧洲航天局谈合作的时候，这个测量仪器他们有，我们没有。我就问卖不卖？他们说卖，5000万欧元要不要？5000万欧元约5亿人民币，那意思就是不可能卖给你。欧洲及美国有一个出口管制体系，对俄罗斯、中国执行技术封锁。所以我们不得不从头钻研这个核心仪器。其中包括前面讲到的大气垂直探测仪，这个仪器是对大气做"切片"的，可以测出大气各层的温度和湿度，非常精密。欧洲人没有信心把扫描机、探测仪装载在一起，它是分两颗星装载，本来说2016年跟我们一起发射，但是到目前为止连第一颗星也未发射。

中国气象卫星"风云四号"成功以后，拿着"风云四号"的应用成果到美国做报告，欧洲人非常热心地想跟我们合作，我们很自豪。还有就是卫星图像导航和配准技术只有中国和美国两个国家掌握了，其他国家都没有掌握。

我们国家独立建立了极轨和静止轨道气象卫星体系，极轨有上午星、下午星，静止轨道有"风云二号"和目前的"风云四号"，并且长期稳定、连续运行，毫无中断地提供天气预报信息。对一个卫星业务系统来说，要能不中断正常工作，稳定性是第一重要的。我国在气象卫星事业上跟美国、欧洲是三足鼎立，现在国际气象组织里面中国、美国、欧洲三方轮流当主席。另外，我们国家今年是唯一的世界气象中心，这离不开我国气象卫星技术应用的成果。当然，在很多地方跟美国比，我们还有很大差距。

四、气象卫星的效益

这个不是我的特长，但是我还是要讲讲。通过卫星可监测到暴雨云团，还有大雾，大雾会对交通造成严重的影响。还可以监测麦秸秆的燃烧。为什么要探测麦秸秆燃烧呢？因为一些地方政府不太重视这些事情，但它对会带来严重的大气污染问题，有了卫星监控就可以督促当地政府对此予以控制，减少当地麦秸秆的燃烧。

比如海冰检测。海冰检测对船舶航行非常重要。我国的"雪龙号"南极考察船有一次在南极考察的时候，为了救遇困的俄罗斯船，它自己也陷进去出不来了，紧急求助于"风云三号"气象卫星，给它找到了一条航道，这个航道上没有冰，而且暴风雪也比较小，"雪龙号"就非常安全地开出来了。

气象卫星还可以监测南极冰盖，南极冰盖图只有气象卫星能拿到，其他卫星都拿不到。监测南极冰盖有什么用呢？主要是用于研究气候全球变化。

"风云三号"一天能拿到一次全球云图。现在天上有三颗卫星在运行，就是一天能拿到三张。今年10月又发一颗，一天就能拿到四张非常有用的全球云图。"风云三号"是2008年发射的，所以也被称为"奥运星"。2008年北京奥运会开幕时，它正好飞过河北，看到河北上空有强烈的对流云团，就准确预报了两小时以后北京奥运场馆将会下暴雨。"风云三号"气象卫星的分辨率非常高，台风眼可以看得非常清楚。"风云三号"装载了微波仪器，光学仪器穿透不了台风眼，微波仪器可以穿透台风眼看里面的动力结构，以及里面的湿度、温度等。原来我们国家的台风预报大于12级就没办法预报了，现在可以报道16级、16点几级，正是因为有了气象卫星以及地面雷达的帮助。

在长三角地区，每天都有"风云三号"在报污染指数，今天的大气污染是不是严重，就是由"风云三号"在报。以往我们国家没有能力去监测地球臭氧浓度。"风云三号"发射成功以后，可以非常准确地观察臭氧从发生、发展到消失的过程。

澳大利亚等国家经常求助我国来做火情的监测，因为火势有时候非常难观测，直升机飞不过去，靠卫星能准确定位在什么地方有火灾，以及火灾往哪里发展。黄河每年都结冰，如果你不把黄河冰凌炸掉，黄河的河床会被撑裂，所以要把它炸掉。但是冰凌在哪里你找不到，以往使用飞机去找也非常难找到，现在一张卫星图，冰凌在哪里清清楚楚，派飞机去炸就是了。

下面再介绍"风云四号"的一些应用，目前有30多种应用，"风云四号"上去以后第一眼就看到了14通道的圆盘图，14种颜色，从可见光到长波红外。"风云四号"比"风云二号"提高了更准确的定量应用，第一次发送回来的圆盘图，让整个气象局大厅都沸腾起来了。比如冰云监测是除了降雨预报外最主要的卫星功能，飞机特别害怕冰云。冰云就是在空中结冰的云，航空器碰到它，要么摇晃得非常厉害，要么碰撞得非常厉害。

"风云四号"气象卫星携带的监测仪器可以从0—20公里高度把大气做切片，把温度、湿度都计算出来，那有什么用呢？举个最简单的应用例子，低层的湿热大气往上，高层的冷湿空气往下，在中间碰上了，那一定会发生剧烈的暴雨。这个仪器就可以判断出来，当然这只是一个简单应用，它主要的应用是数字天气预报。地面雷达检测到这个变化比卫星晚六个小时。

我们的气象卫星从2000年开始，投入产出比是1:40，相当于投入1个亿产生40个亿。自气象卫星投入运行以来，全国因台风、洪涝灾害死亡或失踪人数已经减少了70%左右，直接经济损失平均减少40%。全球70多个国家和地区使用我们国家的卫星。

五、中国气象卫生的贡献与影响

"风云"系列气象卫星研发工作开展四十年来，一直秉承自主创新、自力更生、艰苦奋斗的作风。从1988年开始研发到2000年左右，这一期间的卫星在轨道上都未能达到卫星业务工作的需求，但是我们一直在不断努力研究，主管领导帮助我们去重新立项，鼓励我们。到如今近四十年下来，气象卫星无论静止轨道也好、极轨也好，水平的确是跟欧美持平了，产生了非常重要的影响。我们经过四十年的研制，建立了完整的仿真、设计、测试到卫星发射的过程。卫星事业开展要建设很多大型基础设施，以模拟空间的振动、火箭的飞行过程等，我国因此建立了非常完整的研发平台。

上海航天局就是"风云一号""风云二号""风云三号""风云四号"四种卫星的主要设计制造单位。卫星设计制造推动了我们基础工业的发展。比如说12微米、14微米波长的长波红外探测器，这个探测器欧美禁止向中国出口。如果没有风云卫星工程带领，这个探测器大概还达不到世界先进水平。卫星工业带动了很多基础工业的发展，也培养了很多科学技术人才。我国历任领导人都非常重视这一工作，邓小平、江泽民、胡锦涛、习近平，每个领导都亲自到卫星现场参观、指导并鼓励我们。

我们现在的用户也很多了，不光是中国气象局，还包括海洋、环保、减灾、国土资源、农林业等部门。欧洲的数字天气预报中心是全世界七天预报水平最高的机构，用了"风云三号"数据以后觉得非常准确，便将"风云三号"数据加载入它的天气预报系统，产生了正的效应。2012年，美国有一个气象局年会，已经快进行了一百届了，第一次为我们国家"风云四号"设立了专门会场，这之前对欧洲卫星也是没有设立过的。

六、中国气象卫星的后续发展规划

除"风云三号""风云四号"要组成一个卫星业务系统用于天气预报外，我们还要发射降水卫星，把雷达搬上天去，测量赤道附近的降水；我们2018年8月还会发射一颗卫星，对温室气体、PM2.5开展测量，在静止轨道上还要发射微波卫星，对台风同时用光学跟微波手段进行观测，时刻可以对台风内部进行分析。2035年前我国还要发射8颗极轨气象卫星、9颗静止轨道卫星。

最后我要表达一个什么意思呢？我国气象卫星经过四十年的发展，的确达到了世界先进水平。发展历程也是非常曲折的，从失败到成功，要坚持自力更生，国家的重要项目一定要掌握在自己手里，核心技术一定要掌握在自己手里。我的汇报大概就这么多，谢谢大家！

（根据2017年10月15日的讲座录音资料整理）

四明八百里，物色甲东南
——宁波风物饮食谈

□ 周东旭

主讲人简介： 周东旭，1984年9月出生，青年学者，现为中国民间文艺家协会会员、浙江省戏剧家协会会员、宁波文化研究会理事。2017年当选为宁波市海曙区第五届政协委员。著有《苍水诗注》《鼓楼钟声——宁波老城的生命印记》。

"宁波风物饮食谈"这个题目是我自己取的，前面是一句诗，是关于宁波非常有名的一句诗，来自明代诗人吕时的《宁波风土》："四明八百里，物色甲东南"。今天我准备讲宁波的风物和饮食，风物范围更大一点，饮食更大众、通俗一点。

饮食方面的内容很多。如果做家常菜，弄几个小菜就可以，但我们说的宁波十大名菜，或者带有文化意义的名菜，是非常讲究的。我举一个例子，大家知道宁波十大名菜里面有一个很有名的菜——雪菜黄鱼汤。饭店的厨师告诉我，他做雪菜黄鱼汤是有诀窍的。大家知道黄鱼高汤要出来，肯定熬煮的时间比较长，才会有乳白色的汤汁出来。但是大黄鱼熬久了，肉又会老掉，那么厨师一般怎么处理呢？熬大黄鱼的时候，熬一锅小黄鱼汤，用价格稍微低一点的小黄鱼，味道鲜美度是一样的，在黄鱼熬好出锅的同时，可以把小黄鱼的汤同时加到大黄鱼的汤里面。这样虽然成本高了，但是做的黄鱼不显得老，吃黄鱼的时候感觉汤汁也多，肉也很鲜。如果时间煮长了，口感就会稍微老一点。这个相对来说是要成本的，你自己家里弄，就很难做两锅，然后倒一锅汤出来。所以说饭店做菜跟家常做菜还是不一样的。

宁波处在东海之滨。我们经常说"风物志"，百度查一下风物的概念，一般说是风景和物产。每一个地方的风物不一样，是因为地理的原因，产生了不一样的风俗。我们经常说作家出去采风，不光是看风景，其实还有一些民风、民俗类的。一般风物志记录的内容包括以下几个内容：

一是节日习俗。现在的节日习俗越来越淡，以前相对来说烦琐一点，仪式感更强一点。对现代人来说，其实习俗这一块已经很弱了，大家经常说中秋是"月饼节"，端午是"粽子节"，清明是"青团节"，除了吃还有什么？而且现代人吃跟以前又不一样，以前讲究的是妈妈的味道，带有一点乡愁味，因为以前准备食物不是特别方便。过去小朋友特别盼望过年，就是因为准备食物的时间是非常长的，比如做年糕或者是汤圆，秋收了以后准备糯米，然后浸泡、水磨粉，处理很长时间，到过年的时候才能吃上，过完年再吃基本上就要等明年了。现在食物很方便就能买到，所以习俗更简单了。

二是人生仪式。像婚嫁，有的地方讲究十里红妆迎亲，这些风俗各地也是不一样的，现在相对来说也是比较简化了。

三是衣食住行，对宁波人来说吃是重点。以前的行还涉及坐船，因为宁波是水乡城市，古代坐船是非常好的选择。人们从京杭大运河上京赶考、经商，经常坐船出行，船比较稳，运载量比较大。现在我们很少选择船运了。

四是地方乐舞。宁波这边有名的是跑马灯、大头和尚、舞龙、舞狮等。

除此之外，还有一些民间工艺，现在也比较少见了。以前很多老一辈经常说外婆家的一些床、家具，其实就包含宁波传统的工艺"三金一嵌"：朱金漆木雕、金银彩绣、泥金彩漆、骨木镶嵌。古代人穿的衣服有些就是金银彩绣，现在基本上要在博物馆里面才能看到了。

还有很多信仰、禁忌、老规矩。宁波这块有什么特别的信仰？我以前看书的时候有一个印象，宁波以前的人经常说"太阳生日"，现代人估计不知道了。清代学者徐时栋有一本书叫《烟屿楼笔记》，他在书里面说宁波曾经有一个非常流行的节日叫太阳生日，在三月十九日，为什么叫太阳生日呢？时间为什么是三月十九日呢？其实是这样的：明代灭亡的时候，最后一个皇帝崇祯是吊死煤山的，时间就是三月十九日，明末有很多遗民就选择三月十九的时候聚会祭祀崇祯皇帝。但是祭祀的时候，有人会问今天是什么日子？为什么要祭祀？清代的人忌讳说这个，就说今天是"太阳生日"。江南很多地方把三月十九作为太阳生日，进行一些祭祀活动，祭祀崇祯皇帝，表达对故国的一种哀思。

方言，也是风物中的内容。宁波的方言从语调上来说比较硬，而从词汇上看，由于地理上的原因和从事的行业相关的原因，宁波话表现出两种味道，一个是"海鲜味"，另一个是"商业味"。比如说"海鲜味"，如果一个人没什么精神或者病快快的，宁波人会说这人像"生病黄鱼"一样。如果一件事管的人很多，出主张的人很多，宁波人会说一个谚语"一篮梅子鱼都是头"。总之用鱼做比方的例子非常多。"商业味"的例子也非常多，比如：宁波人说这个是天经地义的，叫"门门账"；说这个小孩比较乖，叫"还债"，像儿子比较乖的，就说"还债儿子"，相反如果让人很讨厌的就是"讨债"；疼爱小孩子叫"值钿"；等等。这些都是跟商业相关的。

我今天的讲座基本上是偏重于前面四个点：节日习俗、人生仪式、衣食住行、地方乐舞。

一、节日习俗

节日习俗里面最重要的是民俗这一块，民俗包括民俗工艺、装饰、饮食、节日、地方戏曲、歌舞、绘画、音乐、制作文化等。

宁波自古形成了精耕细作的稻作民俗文化。大家知道宁波很多食物类型，比如说汤圆、年糕，都是稻做的，跟北方完全不一样，北方人是以面食为主的。我们经常出去考察，在外地的时候，同行的很多宁波老先生有这样的习惯，必须找有米饭吃的地方。年轻人可能就无所谓，有时候找不到吃的地方，就在麦当劳、肯德基这种24小时营业的地方吃也可以。但是有些老先生从小习惯了，一定要找吃米饭的地方，一定要吃炒菜米饭。很多宁波人一起吃饭的时候，哪怕都已经吃得很饱了，还要上主食。他们哪怕吃一口米饭也要吃，感觉如果不吃米饭，前面吃这么多也像没有吃过一样，一定要吃一口饭，有这种习惯的宁波人也是很多的。宁波种水稻是非常早的，大家去过河姆渡遗址博物馆的话，可以看到最早的人工培植水稻。宋代的时候，宁波种了很多占城稻，占城是越南的古称，古时候人们从越南引进了水稻在宁波种植。

宁波人的风俗习惯里还有一个是我们经常说的"诗书传家"。宁波城市形象的宣传口号是"书藏古今，港通天下"，一个原因就是宁波历史上读书人非常多，藏书楼也非常多。从科举制度开始到科举制度废除，宁波产生过2478名进士、12名状元，还有2名武状元。宁波在南宋的时候就出现状元了，第一个状元叫张孝祥。其实文化界对张孝祥也有争议，因为张孝祥的籍贯是安徽的，但是他老爸已经来宁波做官了，他出生于横街镇的方广寺，所以也可以算是宁波人。他的名气非常大，文采很好，书法也很好，宋高宗特别欣赏他。他有一个侄子叫张即之，是南宋非常有名的书法家。

举个例子，像王安石，大家知道他曾经短暂地做过鄞县的县令，27岁的时候来，30岁的时候走，但是对宁波的影响非常大，说到宁波历史上的名人都会提到王安石。我们经常说的贺知章，号四明狂客，"四明"范围包括余姚、新昌、上虞这块，但是《旧唐书》和《新唐书》写他的籍贯都是越州永兴人，按道理来说永兴就是现在的萧山，越州是现在的绍兴，应该是属于绍兴、萧山那边的，现在萧山属于杭州。其实宁波在唐代及之前出的名人不多，南宋以后出的名人就多了，像史氏家族等。

宁波以前经常说"田家有子皆读书"，自古以来宁波读书的氛围是很好的。我们也经常说江南出才子，宁波这块的氛围非常好，从历史上来看，搞学术的比搞文艺的多一点。王应麟大家肯定知道，是《三字经》的作者，其实他最有名的书不是《三字经》，只是因为《三字经》

是古代小孩子启蒙的读物，所以知道的人比较多。他最有名的书叫《困学纪闻》，跟沈括的《梦溪笔谈》、洪迈的《容斋随笔》一同号称宋代三大笔记，所以说他是偏重于学术研究的。后来的学术名家还有万斯同、全祖望，都是史学家。宁波人的风俗习惯和个性是比较实在的，更适合做学问。这里还有一个小故事：万斯同上京修史的时候遇到了方苞。方苞是清代时的文章大家，有一些文章入选了高中语文课本。当时万斯同比方苞年纪大，这位老先生就教育方苞，说你文章写得再好，只有花里胡哨的东西也是没用的，一定要做学问，经世致用，有益于社会世道的才是好文章。后来方苞除了写文章以外，也慢慢做一些学术的东西，据说就是受了万斯同的影响。浙东在诗书传家这种风俗的影响下，读书人的个性会比较实在。

宁波是港口城市，港通天下，于是宁波人有一种开放精神。宋代的时候在城墙以内有专门给阿拉伯人居住的一个区域，叫波斯巷，就在现在东门口这一带，现在立了一块碑，叫"波斯巷遗址纪念碑"。在海曙区狮子街这边曾经有清真寺，就是因为古时候阿拉伯人多，他们把自己的宗教信仰也带到了明州。后来清代的商人出钱把清真寺从狮子街移到了现在的月湖边上。

宁波人有感恩尚礼的民俗心理结构。这一点从宁波帮商人可以看出来，他们发家以后积极为家乡带来贡献。像修桥、铺路、造凉亭都算是非常小的小事了，大的贡献，比如宁波大学就是包玉刚先生捐资创办的。此外，宁波在宗教方面，佛教还是比较兴盛的，如天童寺就号称"东南佛国"。道教在1949年前也是比较兴盛的。庙宇作为民间信仰点，有一部分还现存。城隍庙大家都非常关注，最近在修，可能年底会修好。其他的宗教也有自己的建筑，天主堂、清真寺都有，但是数量不多，主要是以佛教建筑为主。

对于节日习俗，以前的人怀有一种仪式感。以前每个月有特定的节气、节日，会有一些讲究，体现出文化的传承，所以相对来说意义更丰富一点。老宁波有一首《十二月子歌》，每个月后面有一个"子"字：

> 正月嗑瓜子，二月放鹞子，三月上坟坐轿子，四月种田下秧子；五月白糖搨粽子，六月朝天扇扇子，七月老三驮银子，八月月饼嵌馅子，九月重阳挑担子，十月吊红焐柿子，十一月落雪子，十二月冻死叫花子。

这就是老宁波的《十二月子歌》，非常有名，也非常通俗易懂。"正月嗑瓜子"就是春节。"二月放鹞子"，宁波人管风筝叫鹞子。"三月上坟坐轿子"，指清明节。古代清明节，人们坐轿子往城外走，去踏青、上坟，这是一种清明习俗。以前宁波大部分人家是坐轿子出行，如果到五乡、山下庄等地，更大一部分人是坐船。四月是芒种，"种田下秧子"。五月是端午，吃粽子。宁波粽子是碱水粽，纯糯米的。六月天比较热，"朝天扇扇子"。"七月老三驮银子"，指的是中元节，要祭祀祖宗，给祖宗烧一些纸钱，所以是"驮银子"。八月是中秋节，吃月饼。九月重阳节要敬老，"挑担子"。以前女儿出嫁以后，重阳节、端午节都要给父母孝敬重阳担、端午担，送多少礼物都是有讲究的。现在就简化了，打个2000块钱，仪式感没有了。"十月吊红焐柿子"，吊红跟柿子差不多，稍微小一点，但是比较甜，在四明山这种植物比较多。"十一月落雪子，十二月冻死叫花子"，可以说是一种世态。这些都是老宁波的节俗。

我们经常说端午要纪念屈原，纪念屈原确实是很重要的内容，但我认为比屈原早的时候这个节日肯定已经有了。中国人讲究一种数字的学问，传统节日的日期经常是叠数。比如：一月一是春节；二月二宁波人叫花朝节，是百花娘子生日；三月三是上巳节，《兰亭集序》就是三月三的时候写的；然后是五月五端午；六月六天贶节（六月六，晒红绿）；七月七七夕；九月九重阳。这些数字叠在一起是有讲究的，所以我觉得端午肯定比屈原早。

宁波有一个和端午节有关的传说是"黄晟斩蛟"。传说以前三江口经常有蛟龙出没。宁波的建城者叫黄晟，是明州刺史。他到三江口，潜水把那只蛟龙杀掉了，血流到水中，染红了桃花，所以那个渡口就叫桃花渡。现在在江北有一个桃花渡，就是这个区域。老百姓为了纪念这个事件，端午节的时候会把菖蒲剪成宝剑的形状挂在门口，据说可以辟邪，这是宁波的特别习俗。

宁波的中秋跟其他地方也稍微有点区别。全国中秋都是过八月十五，宁波的中秋是过八月十六。相关传说非常多，比如：南宋的宰相史浩以前在临安做官。中秋节他要回家团聚，但骑马过来的时候马掌掉了，只好到绍兴住了一夜。第二天继续赶往宁波。家里人一直等着他，直到他八月十六到家了才一起过中秋。他一看家里人为了他耽误节日，就想，要么把十五改成十六，我十五能到就十五过，到不了就十六过，假期多一天。所以宁波的中秋可以八月十六过。这是一种说法。另外，台州那边也是过八月十六，它的传说是这样的：元末明初浙东区域有一个军阀叫方国珍，他的母亲吃素。很多人是逢初一、十五吃素的，但是在元宵节、中秋节这些节日，大家开开心心聚在一起，吃的东西特别多，她吃素的话就没有多少东西吃了。他想了一个法子，把元宵节正月十五改成十四，把中秋节八月十五改成十六，一个提前一天过，一个延后一天过，避开十五，就可以和母亲一起团圆欢聚，共享佳肴。前童镇的闹元宵活动就是在正月十四，就是因为台州这个习俗。宁波的月饼虽然没有广式月饼、苏式月饼这么有名，但是宁式月饼是加了海苔的，带有大海的味道，也非常有名。

二、人生仪式

宁波民俗中的人生仪式有很多讲究，我主要给大家介绍一下婚俗。宁波人经常说"十里红妆"，就是形容嫁妆的丰厚，宁海有十里红妆文化园，也有十里红妆博物馆。以前的婚俗包括提亲、定亲、请吃酒、看嫁资、伴郎、享先（祭祀祖先）、坐花轿、开面、上轿、拜堂、贺郎酒、回门、满月，是非常复杂的，现在比较简化了。

"十里红妆"中，万工轿非常有名，万工轿也叫龙凤花轿。大家看图中这台万工轿算得上是宁波朱金漆木雕的代表作之一，雕刻是非常精细的。为什么宁波人可以坐万工轿？它也有相关的传说。南宋初年，康王赵构被金兵追击，逃到宁波，一个民女救了他。康王就给她一块布襕作为凭证，答应她三年以后自己回朝做皇帝，接她去做皇后。待康王回到了朝廷，三年后果然按照约定让太监、侍卫去找这个女子。找的时候有两种说法：一种是说这个女子救了皇帝以后，把这个事情说漏了，大家都知道把布襕挂在竹竿上就能让皇帝认出，结果内侍到了村子以后，家家户户都挂了这个布襕，不知道到底哪个人救了皇帝；第二个说法说这个女孩子是故意的，自己不想进宫，所以让恩于众，大家都挂了布襕，让大家都享受皇恩。总之找不到女子，皇帝也没办法，只好说"浙东女子尽封王"。所以宁波这块区域，女孩子出嫁都可以坐龙凤花轿，享受公主、皇后的待遇。

这种轿子做工的时间非常长。据说上海有一个镇海出身的商人，他从打算嫁女儿的时候就开始张罗做一顶花轿，但做得实在太慢，他女儿等不及，就自己嫁了，没用上花轿，等他儿子娶媳妇的时候才用上这顶花轿，可见做万工轿花的精力是非常大的。现在天一阁里面有一个花轿厅，专门陈列万工轿。横溪水库边的横溪朱金漆木雕馆也有一顶，那是新做的。《国宝档案》做过一期节目讲花轿，就有宁波的花轿，里面提到的轿子在浙江省博物馆，大家如果去杭州的话可以看一下。在婚俗当中，这种花轿可以算是代表作，现存的非常少。以前有专门的婚俗店，可以出租轿子，跟现在的婚嫁一样，可以租一些高级车辆。

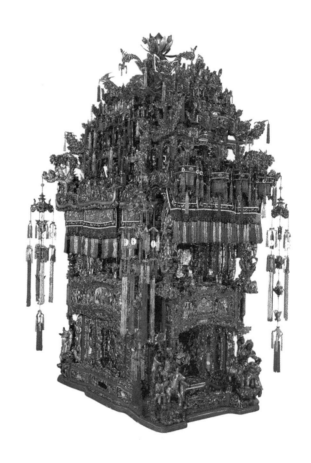

▶万工轿

三、衣食住行

我们说民以食为天，宁波人说起吃肯定少不了海鲜。宁波很早的时候就有文字提到海鲜，最早的是西晋文学家陆云，他写过一封书信叫《答车茂安书》，是宁波方志里面经常引用的一篇文章。宁波在秦始皇时代有一个非常有名的县叫鄮县，车茂安有一个外甥石季甫要来鄮县这边做官，他的妈妈和外婆都不是特别放心，因为他们不知道鄮县的情况，就只好找人打听。陆云当时是非常有名的文学家，他家在苏州南边，他就写了这封信跟车茂安说：鄮县这个地方非常不错，交通非常发达，北可以到青州、徐州，南到交州、广州（交州就是越南那边），东边靠大海。秦始皇来过鄮县，在这里住了一个多月，既然皇帝都去这个地方，你外甥做一个小县令你怕什么？这就是这封信的主要内容。信里面提到的海鲜非常多，数不胜数，很多海鲜的名字都很不好写，比较有名的是石首鱼。石首鱼大家知道吗？脑袋上有石子的，不是石斑鱼。

（听众：大黄鱼，额头上面有小石块。）

对，其实石首鱼就是指大黄鱼。陆云提到很多海鲜，包括鲨鱼、河豚、黄鱼、刀鱼等。海鲜的做法有脍、炙，就是我们经常说的"脍炙人口"的"脍炙"，还有蒸，或做成肉羹，黄鱼还可以晒干。东晋谢灵运就说过永嘉的牡蛎不如鄞县，到近代宁波出产的蛎黄已经非常有名了。

宁波有很多曾经做过贡品的海鲜，还发生过这么两个故事。一个和元稹有关，他是唐代时跟白居易同时期的诗人。他出任浙东观察史的时候，曾跟皇帝说：我们这边一定要免去进贡海味。明州这边每年要进贡两种海味，一个是淡菜，淡菜就是贻贝，它为什么叫淡菜呢？因为它用不放盐，煮了就可以吃。另外一个是海蚶。两种各要进贡一石五斗，照现在的算法,一石是150斤,五斗是75斤。当时的保鲜技术比较差,海鲜是非常容易坏的。唐代都城在长安,大家应该也知道,有一首非常有名的诗,是说唐玄宗宠爱杨贵妃,因为杨贵妃喜欢吃荔枝就不远万里给她弄来,"一骑红尘妃子笑,无人知是荔枝来"。当时是通过驿站送这些东西,一天要跑死好几匹马,不能停,一停鲜度就降低了。所以元稹给皇帝上书,建议把这个免除掉,因为这个是劳民伤财的,获得了皇帝的批准。

另外一个是范成大的故事。范成大是宋代非常有名的诗人,他来宁波做过官。他这个官职的前一任是皇室宗亲魏王赵恺,南宋的时候,很多皇室宗亲来明州做客。魏王每年会给皇室送一些干货,就是现在这种虾干和鱼干,当时管干货叫江瑶柱。江瑶柱可以做汤,现在有些饭店里面应该还有。范成大就跟皇帝说,魏王是皇亲国戚,他在宁波这边做官,送一点宁波特产海鲜给皇室很正常,但是要把这个东西放在进贡的范围里是不好的,老百姓肯定会不满。所以他希望把江瑶柱的进贡免掉。这说明古代有三种贡品:江瑶柱、淡菜和海蚶。

清代有一本非常有名的讲饮食的书,著名诗人袁枚的《随园食单》。袁枚在南京有一个园子叫随园,他说《红楼梦》那个大观园就是照他的随园写的,有点吹牛。他的字叫子才,人家经常说袁子才就是袁才子。他的代表作有《随园诗话》《子不语》等,擅长写一些鬼怪小说。《随园食单》的内容基本上是以南方菜为主,用现在的话说袁枚是一个吃货,每次去参加宴席或在家里吃到非常好吃的菜,都会跟厨师交流,问问这个菜是怎么做的,然后把食谱写下来。他的《随园食单》里面提到很多海鲜,明确指出在宁波辖区内的有四样:一个是海蜒,像小鱼一样的东西,他说跟虾米的味道差不多,用来蒸蛋、做蛋汤味道是非常好的。第二个是江瑶柱,宋代的时候是贡品。第三个是蛎黄,就是我们说的牡蛎，西店（宁波）这边的牡蛎就非常有名。第四个是蚶子。以前奉化的蚶子也非常有名，曾经有考古专家从古代坟墓里挖出来一罐蚶子的壳。袁枚提到的蚶子的吃法比较复杂，要用水烫一下，这种做法把握热度很要紧，水太烫了就会烫死，如果不是特别烫又烫不开，非常难做，饭店里做得比较好，自己做比较麻烦。

宁波的特产是非常多的，我们经常说"东乡一株菜，西乡一棵草"，分别指什么？东乡一株菜就是雪菜，西乡一株草就是席草。西乡在古代的时候有一个湖叫广德湖，可能很多宁波人都不知道。广德湖是北宋末年的时候被废掉的，曾经是非常大的湖。北宋末年的时候发生了这样一件事：宋和金打仗，打仗的时候把北边的港口截住了，高丽使臣要来朝贡只能从明州港进。这些使臣一旦来朝拜，就需要明州政府解决接待事宜，但当时政府财政已经入不敷出了。当时明州的太守叫楼异，他想到一个主意：把西乡广德湖的水放掉修田，修田以后有税收产生，用这些钱来建高丽使馆，就可以接待高丽使臣了。他给皇帝上书报告之后，皇帝觉得可以就批准了。广德湖废了以后修田，一两年间都是有出产的，效果很好。但是长期以来就不行。因为宁波这边台风很多，雨水多的时候没地方蓄水，只能浇到稻田里面去，造成涝灾；但等干旱的时候没有一定的水蓄着，就不能进行灌溉了，又造成旱灾。所以旱涝不保收，水稻没法种了，之后只能种一些席草。西乡后来变成草席之乡，就是这么来的，人们只能用这些席草编织草席。宁波人也有一句老话叫"儿子要亲生，田要买东乡"，意思就是买田要往东边买，因为西乡这边的田旱涝不保收，所以买田要往东边买。宁波人又把席子叫做"滑子"，也源于古代一个故事。据说北宋灭亡以后康王赵构逃难，被金兀术三千铁骑追赶，逃到了宁波高桥。当地老百姓很聪明，家家户户都是织席子的，就把草席铺在高桥上。金人都是骑马的，马踏草席就滑倒，之后宋兵赶上来就打了胜仗，史称"高桥大捷"。宁波人从此以后把草席叫"滑子"。

宁波要求菜下饭，习惯吃得咸。这一习惯是如何产生的？现在条件好，有保鲜的冰。古代其实也有冰，甬江边上有冰厂，但靠冰保鲜时间还是不会太长，所以食物一般用盐腌一下或者是制成鱼干等，长久以来就养成习惯，吃得比较咸。宁波人以前有很多做生意的，出门路上需要带一定的菜，常带腌制食物，因为携带方便。除了吃得咸，宁波人还吃得生。生吃海鲜能保存其营养成分和鲜美度，所以宁波各种醉虾、醉蟹是非常多的。醉虾就是把调料准备好了以后，直接把虾放下去，拿个碗盖一下，很多人觉得味道确实好。宁波还有很多菜是腌鲜搭档的，比如腌笃鲜。还有宁波的乌狼鲞烤肉，就是用河豚鱼干加五花肉，鱼干和鲜肉组合在一起，一个是鲜的，一个是腌的，吃起来也是别具风味。

关于宁波的十大名菜其实有不同的说法，有几种菜品可能不一样，但像冰糖甲鱼、锅烧河鳗、宁式鳝丝是普遍都有的。还有用黄鱼做的菜也大多会有，像腐皮黄鱼、雪菜黄鱼汤。现在冰糖甲鱼、锅烧河鳗很难吃得到，状元楼代表菜就是冰糖甲鱼（"独占鳌头"）。宁式鳝丝在大排档都会有。饭店里做宁式鳝丝一般是用三种油：首先用菜籽油，它可以去腥；然后用猪油提鲜；上菜以后再点一点香油或者麻油，增加它的香味。

宁波还有一些比较有特色的菜，比如"宁波三臭"非常有名，就是臭冬瓜、臭苋菜、臭豆腐。将原材料腌制过了以后，闻起来臭，吃起来香，可以说是代表家乡的味道，但是外地人有很多是受不了的。有些人从小生活在宁波，后来到外面打拼，这种味道可能几十年没吃过。但一旦吃到这种味道，就会勾起从小的记忆，感受到家乡的味道。以前我看到过一个报道，说一个人小时候被拐卖了，长大以后一直在寻找亲生父母。有一次吃到一个菜，他就觉得这个菜是小时候吃过的，而这个菜只有一个地方有，他就把找父母的范围缩小到个区域，果然找到了父母。所以说我们从小味蕾的记忆一直像在石头上刻着一样，很难忘记，有时候碰到了就会激发出来。

四、地方乐舞

宁波有很多非物质文化遗产，主要是民间舞蹈。

宁波西乡这边有大头和尚，表演者戴着面具，是讲故事的，但是表演基本上没有语言，有一点哑剧的感觉，通过动作、舞蹈来表现。比如说洗脸的时候水比较烫，这种情节都会表演出来，看上去比较幽默。过年、过节的时候跳这种舞可以祈福。舞龙也是在宁波非常多的，奉化布龙就非常有名。

舞狮，北仑区这边有一个梅山舞狮比较有名。北仑还有造跌，就是七八岁的小孩子装扮成戏剧人物形象，然后站在大人的肩膀上做一些造型动作，造型一组一组的，比如孙悟空三打白骨精、许仙和白娘子、梁山伯与祝英台等。以前庙会的时候会有机会看到，现在非物质文化表演的时候也能看到。

八盏马灯也很有宁波特色，唱马灯调、跑马灯，是非常重要的非物质文化遗产。

最后再说一下我刚才说过的三金一嵌，就是朱金漆木雕、泥金彩漆、金银彩绣、骨木镶嵌，宁波的四大工艺。鄞州区这边有相应的陈列馆；宁海有骨木镶嵌的传承地紫林坊；泥金彩漆的传承地是宁海东方艺术馆；朱金漆木雕陈列馆是在横溪；金银彩绣艺术馆在鄞州区下应创新128园区。大家都可以去看看。有些展品是新做的，这种技艺还是有人传承的。

今天我基本上就讲到这里。宁波风物饮食谈，只能算是跟大家一起分享交流，我觉得老宁波知道的肯定比我们多，因为他们那些知识来自于生活，我们是从书上背下来的。谢谢大家！

（根据2019年9月22日的讲座录音资料整理）

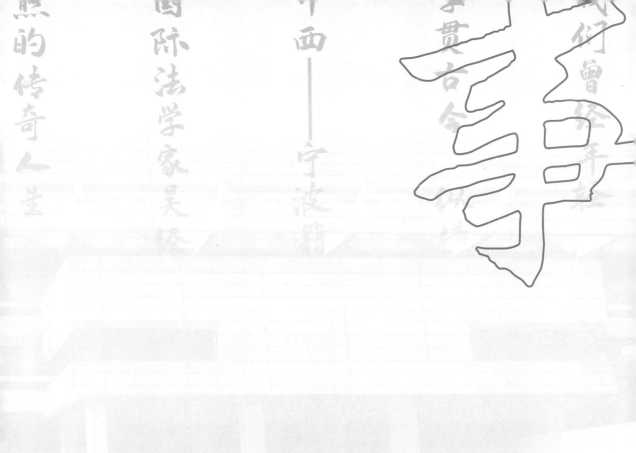

人生故事篇

我们曾经年轻

学贯古今　纵横中西

——宁波籍国际法学家吴经熊的传奇人生

我们曾经年轻

□ 叶 辛

主讲人简介： 叶辛，中国著名作家，中国作家协会副主席，复旦大学中文系教授。1977年发表处女作《高高的苗岭》。此后出版长篇小说《蹉跎岁月》《家教》《孽债》等。根据长篇小说《蹉跎岁月》《家教》《孽债》由其本人改编的电视连续剧，均在国内引起轰动。

走进会场的时候，听到主持人在放《一支难忘的歌》。我今天的讲座就从这支歌说起。这首歌的词是我在1982年春天写的，为什么写呢？照理说我不用写词，只把电视剧本改出来就行，但中央电视台蔡晓晴导演在拍《蹉跎岁月》的时候，她说这个电视剧最好要有一个主题歌。她找到中央电视台音乐频道的总监，约人家去写，因为当初电视连续剧在国内还是比较少的。那个时候中国人看的电影一般是两个小时，电视剧大多只有单集一集的，电视连续剧还很少，所以她得到这个机会拍电视剧，她也很认真，她希望有一个主题歌。但是几次写的歌词都不理想，写歌词的人"使劲地"写了，但还是不行。

　　后来我们在为电视剧拍外景，在大理拍了一个多月，回到昆明的时候。又拿来一个歌词，她叫我看，什么"青山青又青、流水长又长"，怎么会是写知青的？我一看不是很满意，我就跟蔡导老实说了。蔡晓晴是一个女导演，说话很直。她就说"你看，不是我说不行的吧"，她其实已经觉得不行了，她也跟音乐总监说了。请人家有名的人写的歌词你一句话就否定了，对方就不高兴了。也可能是蔡晓晴的方式粗了一点。对方就说"觉得不行？那你们自己写！我没有办法了，我已经写了好几次了"。蔡晓晴看着我说"这个本子是你写的，你能不能想想办法，把这个歌词写出来"。我说，写是可以，但是我没有时间了。我马上要离开大理，大理到昆明是330多公里，我已经定了第二天晚上8：40从昆明到贵阳的火车票，这怎么写得出？后来说"我要不试试看吧"，试试。她说"你要是答应试，你离开剧组以前要交出来的"。

　　第二天上午6点，整个剧组7辆车，从大理开出来，演员、剧组、摄影、美工还有拍摄所需要的一些器材都带着。早点都带在车上，大家一起吃早点。吃完早点，演员、剧组就一起唱歌，唱一些过去的老歌，你唱一首，我唱一首。一上午就在热热闹闹当中过去了，到了中午时分，我们走了200公里，还有217公里才能到昆明。吃完了午饭，继续开。昆明到大理的这段公路也是滇缅公路的一段，是抗日战争时期国民政府和老百姓一起修的。大家喝了啤酒以后都躺在车上打瞌睡了，我坐在车上心里很焦虑。我想晚上8：40分就要坐火车走了，这个歌词还一个字没有写，这一下午的时间要编一首歌词出来，怎么办？

我不会喝酒，喝了啤酒要脸红的。我坐在面包车的副驾驶座位上发愁，这个歌词怎么写？编了一刻钟也想不出来。想不出，我就望着那个车子的反光镜，盯着那个反光镜。我为什么要望那个反光镜呢？反光镜曾经给过我一个灵感，初中二年级的时候，我们下乡劳动。到上海郊区去种菜、收稻子之类。我们坐大客车，那时也是坐在公共汽车的第一个位子上，望着反光镜。这时语文课老师说，你们刚刚下乡劳动过，这次作文就写下乡劳动的体会。很多同学就写，我下乡劳动没多久手就起泡了，我体会到劳动的艰苦。当农民很光荣也很艰苦，将来我当农民怎么样，反正下乡劳动的体会很多。我也写了一篇作文。我没有写劳动，我就写我看到的那个反光镜里的景象。公共汽车往前开的时候，我看着反光镜把山里的油菜花开的景象呈现出来，于是我写了一篇作文叫《万里春光收不尽》。结果老师把我这篇作文读出来，说我这篇作文写得好。有的同学还不满意，叫你劳动你还欣赏风景，你这是小资产阶级情调。但是老师觉得好，我还受到了表扬。

坐在去昆明的车上，我于是也望望反光镜，看看这个反光镜能不能给我一点灵感，结果一点灵感也没有。车子沿着这个滇缅公路颠簸，走过这段路的人知道，路边就是悬崖，路是在山腰中间穿过的。山坡底下就是深谷，我望了10来分钟，望出一些道道来了。我看着这个反光镜底部有一个亮点，闪闪放光的亮点。这个亮点是什么呢？那是不是这个山谷有矿，搞不好有金矿。我就脑子里在想，想了半天又不像是金矿，就看着这个亮点很亮，老是很亮。汽车的反光镜大家都知道，它有聚焦作用，有点像小时候玩的放大镜一样。我一看看不明白，就干脆把车窗拉开了，直接望那个峡谷下面是什么东西。万一下面有金子、银子，就给国家发现宝藏了。头探出去一望，我就明白了，为什么？因为山谷底下是一条河。我把窗户一拉就靠到座位上了，原来是一条河，不是什么金子、银子。

但是就是这么一靠的时候，我的眼睛望了出去，看着山谷的流水弯弯地流过来，我突然之间很感慨。1982年，我已经离开知青生活了。我突然脑子里就冒出一句话，"青春的岁月像一条河，我们插队落户了"。你看我从上海到贵州插队落户，现在我出了几本书变成了作家，走过的一条路就像这弯弯曲曲的河。写过歌词写过诗词的人就明白了，写歌写诗要有一个诗眼或者叫歌眼。我一有"青春的岁月像条河"八个字，第二句话马上就出来了，"岁月的河汇成歌"。汇成什么歌呢？这个长篇小说是我写的，我知道，这个电视剧是我改的，我也知道。我就根据这个内容写了三段歌词，这就是后来大家听到的词了。

给这个歌谱曲的是黄准。她说你这个歌词写得好。为什么？因为当天晚上剧组就把我的歌词用电话通知给她了，但是她当时不在家。黄准比我年长20来岁，她是毕业于延安鲁迅艺术学院音乐系的老革命，今年已经90岁。她的回忆录当中写道，她回来以后，她爱人就把剧组报给她的歌词交给她了。她看了这个歌词，当然后来也下了很大功夫，还跑到云南去，给谱上曲了。刚才大家也听到这首歌了。随着电视剧的播出，这首歌后来在知青一代人当中一直在唱，现在有的人也还会唱。但是蛮难唱的，用关牧村的话说，她录音的时候，因为黄准用了很多转折，所以很难唱的。关牧村在电视剧配音和唱这个歌的时候，是一句一句配的，她说很难去把握好。演唱的时候，不像一些通俗歌曲那样朗朗上口，不太好唱，但是总的来说这首歌还是很成功的，唱开了。尤其是1983年随着电视剧的播出，这首歌就唱开了。用黄准老太太自己的话来说，她说她从参加革命到去延安鲁艺读书，到现在一辈子写了300多首歌曲，其中有两首歌曲是唱开的。一首歌曲是年纪大一点的人都知道的，《红色娘子军军歌》是她写的。还有一首就是《一支难忘的歌》。

为什么我拿到一个歌眼就能写出这样一首歌曲来，这跟我插队的生活有关，今天演讲的题目叫"我们曾经年轻"。因为其实不年轻了，看看我这张脸已经很不年轻了。有一次武汉的知青聚会，把我请去了，四川、重庆知青聚会也把我请去，叫我唱红卫兵歌曲、知青歌曲，拉手风琴。甚至有些人还穿着红卫兵的服装参加聚会。我说你们不要叫自己知青了，"知青"现在已经要离开这个字面来说了。为什么呢？因为我们都是老头老太太了，不是知青了。对于"知青"两字外国人就不理解。

去年12月份，我到悉尼去，有两件事情，一件事情是为英文版的《孽债》确定封面。一个是《孽债》两个字要怎么翻成英文。洋出版社的老板跟我商量，他说你这个中国文字"孽债"在英文里根本找不到对应的词来翻译。我说，你要我解释的话那就把它改成"难以还清的感情债"。我这本书的翻译是一个中年女同志，是从中国到悉尼大学去进修英文的博士。修完英文博士学业以后，她就不回来了，就在澳大利亚国家电视台当翻译。她就把我这个"难以还清的感情债"用英文讲给洋人听了，洋人一听，歪着脑袋想了半天说不行。为什么不行，他说你这个小说是很严肃的小说，如果这样翻译的话，我们英文世界的读者会觉得这个是言情小说。什么感情？怎么翻也翻不明白，还要用另几个词来译。当天，从晚上七点多钟谈到十点一刻，谈得很累。坐在我那个客房里，我讲一段话后通过翻译讲给洋人听，洋人听了以后要想，想完了以后，用他的意思再讲一段英文，再翻译给我听。我听了以后再表述我的意见。谈到十一点一刻，最后他说我看这个题目就叫知识青年，我不同意。我说这个"知识青年"跟我这个《孽债》完全两码事，中国人看了要笑。后来他们两个人开始说服我，一会说洋文，一会说中文，说了一个多小时，我被说服了。后来连这个翻译起初是赞同我的意见的，后来也赞同了洋人的意思。她说叶辛老师，这个老板的话有点道理，她说英文世界的读者们，根本不了解中国的历史。他们老是在我们中国人的文章当中，看到"文化大革命"、四清运动、三反五反、上山下乡。外国人说"上山下乡"，就是字面上的意思，没有别的意思。结果中国人的"上山下乡"要讲20世纪50年代毛泽东的号召，一本书也写不完一个题目。她说这个"知识青年"也是，明明都是老头老太太，还说我们是"知青"。她曾经跟洋人说自己当过知青，洋人搞不懂。最后说服我了，我也同意了。

我同意有两个原因。第一个原因是谈了三个小时还谈不下来，当时就是光喝水也没有其他的事，就是谈。还有一个他有点道理，人家要了解中国的知识青年是什么，就去看看叶辛这本书吧，有知识青年的故事。我后来就被他的这句话说服了，洋人就很高兴，然后再谈论封面，讨论完了以后，这件事定下来了。

我是怎么写了大家熟悉的这几本书的？今天下午的主题是讲"曾经年轻"，那我就讲讲跟知青文学创作有关的故事。

一、《蹉跎岁月》是怎么写出来的

1979年2月，我在北京参加了一个长篇小说座谈会，那个时候宾馆便宜，一天的伙食费一块钱，住一晚上一块五，成本总共就两块五。座谈会讨论社会主义、现实主义的文学能不能写悲剧。关于这个问题，每个省派了一个代表作家，都是很有名的作家。云南省的李乔、广西壮族自治区的陆地、四川省的沙汀都是很有名的30年代老作家，在那里争论。有人说社会主义、现实主义的文学主要应写什么。有的人说我们这个社会是有悲剧的，哪里哪里的人又给轧死了，哪里发生火灾，不也是悲剧吗？有人说这个不是悲剧，这个是生活的支流，不是生活的主流。就这样一些话题吵了一天半，到第二天下午三点多钟，大家都吵累了。这时候一个湖南的中年作家站起来，他说大家吵累了，我讲一个故事。在"文革"期间，湖南省文联有一个中层干部，他被划为"黑线"上的人，但他不承认跟"黑线"有直接的关系。所以叫他劳动改造，只是叫他到湘西去当一个知青带队干部，这个事不算累。不用他劳动，就是在县里、公社、大队这三个地方之间跑。上山下乡的知青出了什么事，他协同当地的领导一起处理一下。知青打架，知青谈恋爱怀孕了，都由他去处理。当时经他亲手处理的有这么一件事。

他刚刚下乡的时候，县知青办通知他和大队的书记一起到县里去，说有一个北京知青，下个礼拜要到你们这里来插队。这个北京知青情况有点特殊，他是黑帮的儿子。大队书记就问，我不知道黑帮的儿子这个政策怎么掌握。知青办的领导大概也不知道黑帮的政策怎么掌握，就说我也搞不清楚。反正现在北京城里打黑帮，反正黑帮就不是好人，一开口就要放毒。他下来以后你要注意掌握两条：第一，要他好好劳动，只许老老实实规规矩矩地劳动，不许乱说乱动。第二，不准他讲话，他一讲话就要放毒。大队书记一听说我明白了。但这个文联干部却始终听不明白，他想自己大小也是处级干部，这个政策怎么掌握？但是他也不敢说，心想这个大队书记明白了就可以了。

一个礼拜以后，黑帮的儿子来了。说他是19岁，长得高高的清瘦的，脸白白的，留了一个小平头，穿了一身军装。大队书记安排他干活了，说你从北京城里来，好好劳动。该出工的时候出工，该收工的时候收工。不要乱说乱动，也不要跟贫下中农乱说话。他当着人家面也不好直说是因为你一说话就要放毒。接下来这个从北京来的黑帮儿子，每天给生产队放羊。直到这时，这个文联干部才知道，大队书记有水平。放羊天天劳动了，接受贫下中农再教育了，但是放羊又不能放毒，你要放毒给羊去放。这个文联干部很佩服，基层干部就是比我们有办法。从此这个黑帮的儿子，天天就把生产队里的羊赶到河滩地上去放，其实放羊是很轻巧的活。老乡教他怎么吹哨子，你一吹哨子羊群就出来了，到河滩地上去了。到傍晚下雨了要回来了，你吹一声长一声短的哨子，羊就会乖乖地回去，因为这是集体的羊，不会跑到人家家里去的，除非小偷把它偷去。这个19岁的小伙子很聪明，他一学就学会了。每天到河滩地上没事情干，羊在那里吃草，他就头上盖着一顶草帽打瞌睡。

这一天他又在河滩地上打瞌睡，春天的阳光照着暖洋洋的，打完瞌睡醒过来了，沿着那个草帽的帽檐望出去了。他觉得我是不是还在梦境里，这个怎么像仙境一样。再仔细一看不是仙境。看到那个河水的中间有平缓的地方，河面游过来一大群鸭子，鸭子后面有一条小船，小船上站着一个小姑娘。穿一件花衬衣，戴一顶大草帽，手里拿着一个很长的竿子，在赶鸭子。他看呆了，简直是仙境。鸭子一上岸，小船停在河边，小姑娘走到岸上来了。他看呆了，他从北京的城里跑到湘西的农村，接受贫下中农再教育，老乡都不敢跟他讲话。他问老乡水井在那里，老乡指一下就跑掉了。因为大队书记警告了，不要跟他多说话，他要放毒。老乡也怕中毒，指一下水井就当是告诉他了，没人跟他讲话。一个人一天到晚不讲话，每天放羊虽然活不重，那个日子也很难过的。所以他看着小姑娘朝着他走过来，他就目不转睛地盯着人家看，那个小姑娘笑眯眯地走过来，也不觉得他不礼貌。拿着赶鸭子的竹竿，一直走到他面前，笑嘻嘻地对他说，我知道你是北京来的知青，你是黑帮的儿子。生产队里谁都知道，你一开口就要放毒，所以大队里叫你放羊。我跟你一样，我是长沙知青，比你早到两个月。大队书记在给我训话的时候说过"你是历史反革命的女儿"（她父亲解放前在国民党长沙市政府里面担任类似书记官的职务。"文革"期间，很多在国民党政府里面当过官的人被打成了"历史反革命"），只准她规规矩矩，不准她乱说乱动。为什么呢？因为"历史反革命"的女儿开口，也要放毒，所以大队书记就叫她放鸭子，有毒跟鸭子放。小女孩这样跟他一说，他就恍然大悟，怪不得生产队的人看到我都不说话。小女孩可能也想通了说，现在我们两个人以毒攻毒，你尽管说话好了，没毒了。

你想这些知识青年，本来男男女女在一个集体，在一个知青点上，在一个生产队里就很容易相好。为什么呢？它比在大学、车间、商店里，都更容易谈恋爱，更容易产生感情，因为男女知青天天在一起。有过这个经历的人都有这个体会，两个人更加容易互相帮助。对此我有亲身体会，我妈妈给我写信，她叮嘱我，两个月过去了，你被子拆洗了没有，如果没有拆洗肯定脏了，你要拆洗被子了。她写信写两句话很容易，要拆洗被子。我不愿意做，怎么办呢？我首先要讨好女知青，看哪个女知青这个星期天要赶场的，要我带瓶酱油还是什么的。然后再求她给我帮忙拆洗被子，缝被子，因为这时候还没有被套，被子拆洗后还要缝好的，因此要女知青帮忙。如女知青说可以的，我帮你缝被子，你帮我煮晚饭。我只好煮，煮晚饭我还会。可你要请人家吃晚饭，你总要问她"你想吃什么"吧。你好不容易搞一块肉来，她不要吃怎么办，要讨好她的。她说我想吃蒸鸡蛋，就搞来鸡蛋。一来二去是不是就创造了很多接触的机会。女知青也需要男知青帮忙。下雨天，女知青最怕的是挑水。不下雨还行，两桶水挑半桶就可以了。但是一下雨就不好了，她一挑水可能会摔跤。所以要男知青帮她砍柴、挑水，这种体力活男知青可以帮女知青干。男知青衣服破了、缝被子等要女知青帮，所以在这相互帮衬的日子里就容易产生感情。

他们两个更容易，一个是"黑帮"的儿子，一个是"历史反革命"的女儿，天天没有人讲话，就更加愿意互相帮助。因此他们两个人的感情，你可以想象有多么好。在偏远的湘西农村，不要说五十年前了，就是现在，我们为什么还要扶贫？因为还有几千万人没有脱离贫穷。你可以想想贫穷是怎么回事，那个时候更穷。这么偏远、穷困的环境里面，更容易相恋，互相关心。就这样，他们两人一好好了五年，天天在一起，吃饭、劳动都在一起，感情好得不得了。但到了1975年情况发生了变化。

男知青好运来了，先调到公社广播站当广播员，过了半年调到县广播局，变成正式职工了，对一般知识青年来说，到县广播局就成为国家干部了。有一份工资，后面的前途好得很。再过了半年又调到湘西广播局去了，一年半时间里跳了三跳。但是这个男知青还是蛮有良心的，到公社广播站当广播员时经常回来看女知青，到了县里面，他还是会到生产队里看女知青。走一趟，公社的班车都要三个小时，再从公社走到生产队，要三个半小时，只要是休息天，他就经常来看女知青，两个人感情很好。

但是到了1976年以后，"四人帮"被打倒了，情况不对了。男知青调回北京去了。为什么？他父亲从五七干校回到了北京城，他父亲的工资照发，"文革"期间被扣掉的工资照发了，工资都恢复了。他父亲成了革命老干部了。"四人帮"打倒以后，人家不是"黑帮"，那是诬蔑，不是事实。1978、1979年很多报纸都在刊登这类文章，推倒林彪、"四人帮"强加给这个老干部，那个老元帅、老将军的不实之词。男知青调回北京之前来看女知青，来安慰她。女知青心里已经很担忧了，她也感受到形势在发展，她也知道"四人帮"打倒了。但是"四人帮"打倒了，他的父亲可以平反，都是林彪、"四人帮"给他加上去的。但她的父亲是"历史反革命"，她父亲在1949年长沙解放以前，在国民党反动政府里面当过书记官，当时还没有平反的希望，她很忧愁很担心。男知青就安慰她说，我回北京城，我把我们相好的情况跟家里讲清楚，等到一切都搞好，就想办法把你调到北京。实在不行，长沙总是可以的。这个女知青满怀希望地盼望，等信。那个年头等信也很焦虑，北京到湘西的一封信要5到7天，一般正常的5天可以到，稍微下雨可能要7天。7天都没有来信，心头那是很焦虑的。这个女知青怀着焦虑的心情等信，一个月过去了，信没有来。两个月过去了，信也没有来，等得心都焦虑死了。三个月过去了，信还是没有来，第四个月信来了。连老乡都知道，北京来信了。朋友的信来了，打开信一读，就不行了。信里跟她说回到北京城，我的兄弟姐妹天南海北都回到北京了，现在落实住房，落实工作，一家人好不容易聚在一起。我把和你相好的情况跟家里说了。结果家里一致反对，我的家长还明确说了，像我们这样的革命干部家庭，怎么可能娶进一个历史反革命的女儿，看来是不成啊。

女知青读到这个信的心情，我只有想象了，那肯定是这个心沉下去了，往下沉。她满怀希望地盼望，她把这个爱情的成分看得很重，也难怪，所有真心相爱的年轻人都把爱情的成分看得很重。她看到这封信，就绝望了，跳到河里去了。这就变成了一个事件。"四人帮"都打倒了，一个女知青跳河自杀怎么行。知青带队干部跑到这个大队去处理，一处理，整个过程他都知道了。

当这个湖南作家在我们长篇小说座谈会讲完这个故事，全场鸦雀无声，起码两分钟时间没有人说话。火灾、水灾那是自然灾害，当然是悲剧。但是这些悲剧，用文学的话来说有点牵强。但是湘西这两个知青的故事是真正的悲剧，而且这个悲剧还发生在"四人帮"被打倒以后，所以大家都变得不开心了。思想解放运动，实际上是一步一步来的，那个时候大家听了这个故事，谁的心里都明白。当时我们这个座谈会分南组和北组，汇聚了全国很多的名作家，有关领导也在，有关出版部门的领导也在。其中一个领导就用启发性的语言来说，某某他今天讲的这个故事是知青生活当中的悲剧，大家来发个言，这样一个故事，能不能写，能写的话，要从什么角度写，立足点在哪儿。但启发半天也没有人说可以写，这个态不好表。主持会议的老作家很有经验，说，三点半了，大家休息一下，消化一下，想一想，然后继续开会。

后来我没有去开会，我跑进自己住的房间，找出我的本子，写了两句话。我第一句说某某今天讲的这个故事，我要把它写成长篇小说。第二句话是，不过我要把它的结局写好。为什么这么写，我也搞不清楚。我为什么要讲这个知青生活的故事呢？其实我的《蹉跎岁月》的原形就是这个故事，看过《蹉跎岁月》的读者知道，我只不过做一个技术上的处理。其实也不叫技术上的处理，算是文学家的处理。我把女知青写成革命干部的女儿，把男知青写成历史反革命的儿子，他们是插队的岁月里相爱的。当然一部长篇小说不仅仅是听一个故事就能写的。

我从1969年3月31日离开上海到贵州插队，到1979年10月31调进贵州省作家协会，我在《蹉跎岁月》后记当中写道：10年7个月的时间，在农村里待着，一天也不多，一天也不少。贵州省作家协会的秘书长很有想法，他说10月31日前，你不把户口迁来，我不要你了。我乖乖地在1979年10月31日，把户口准时迁到了贵州省作家协会。后来才知道，他实际上是在做好事。他说今天是31号，我签一个字，你马上到财务，还可以领 10 月份半个月的工资。那个老同志已经过世了，我记得很清楚。一个月的工资 28 块钱，他叫我领半个月的工资 14 块钱。这是我这辈子拿到的第一份工资，14 块钱。

一部长篇小说当然不仅仅是这个故事，这个故事提供了一个很好的框架，使得我把我想要表达的写一写。写一写我们这代知识青年各种不相同的艺术形象；写一写我们知识青年在 10 年的插队过程当中，走过的每一条路，或者思想历程；写一写血统论对整整一代知识青年和中国人的戕害。《蹉跎岁月》改成电视剧播出的时候，中国还没有手机，电话也还没有普及。很多人都是靠书信来表达，我自己收到了 1700 多封来信。这些来信者年纪最大的 84 岁，年纪最小的只有 9 岁，9 岁孩子的信肯定是他父亲教他写的，写的也蛮通顺的。9 岁的孩子没当过知青，84 岁的老人也没当过知青。为什么他们看了电视剧也有感受？"文革"期间血统论对整整一代中国人的戕害，实在是太深了。这是我讲的第一部分，我的《蹉跎岁月》是怎么写出来的。

二、《孽债》是怎么写出来的

刚才我已经说了，1979 年的 10 月 31 日对我很重要，为什么很重要呢？这天我领到了一辈子的第一份工资，半个月 14 块钱。我把 14 块钱全部拿回家，买了一点奶油糖。那个时候在贵阳还买不到，于是这个糖我一半给家里人吃掉，一半带回贵阳给同事分了，庆祝一下我有工作了。秘书长说过，让我在 10 月 31 日那天到作协去报到。于是我提早两天跑到乡下，把户口迁出来，把粮油关系转出来。那个时候办这些手续很烦的，先要到生产队写证明，写完证明还要跑到公社。从这一家走到那一家，从这个寨子走到那个寨子，找到民政干事盖完章，迁粮油关系。到10月31日，我把自己所有的东西都送给老乡了，还有两箱书没有送，老乡不识字，也不要，只好请一个赶马车的老汉，帮我拉上两箱书。

当马车到赶场的街上的时候，一个女知青叫我，我一听是小丁，小丁是谁呢？我们上海知青在人民公社插队落户的有60个，之前我去办迁移手续的时候，公社的民政干事跟我说，祝贺你迁走了。你是第59个走的，你后面还有1个。这个人是谁呢？就是小丁。但是她走不了，为什么呢？因为小丁嫁给农民了。没想到我赶着马车离开公社的时候，她来了。手里牵了一个五六岁的孩子，穿得脏兮兮的，流着鼻涕，她自己的肚子还大着。她笑嘻嘻地对我说，你呀，总算如愿了，你爱好文学，做梦也在当作家，现在你调到省作家协会里去，可以当作家了，祝贺你。我当然得谢谢她，就叫马车停一停。我看着她那个样子，就忍不住说了一句，我说你怎么办呢？其实我这句话问错了，她一听，那张本来笑嘻嘻的脸一下子沉下去了，很惆怅地望着我说，我也要走的。我心里想你怎么走，你跟农民生了五六岁的娃，现在肚子又大了，招工招生不要你的。但是这话我说不出口，跟她招了招手就走了。就在转身的一刹那，我忽然之间产生了一个念头，这个可能是小说家的直觉。我想这个小丁，手里牵着五六岁的孩子，包括她肚子里怀着的孩子，以后长大了可能要问她，你不是从上海来的吗，你怎么会留在这里？小丁的孩子和她的妈妈之间会有一点故事。

写作长篇小说《孽债》最直接的动因，就是在1979年10月31日的中午见到了小丁，看到她的这副模样以及进行几句简单的对话。后来在80年代中期以后，我不断地听说一些故事，就是知青为了回城，回到杭州、上海、北京或天津，跟自己原来的妻子或丈夫离婚，或者把生下的孩子留在当地的一些故事。这样的故事在重庆也听到，在昆明也听

186

到，太多了，我一直说要写一部这一题材的小说，但始终没有提起笔来写。为什么呢？在等，总觉得要找到一个角度。终于，在1989年我找到了。

1989年我到昆明去开会。那个时候开会，除了开会以外，还离不开吃饭。今天中午作家协会请你们吃饭，晚上云南省文联请你们吃饭，明天中午云南省人民政府请你们吃饭，晚上昆明市文联请你们吃饭，接下来还有宣传部要请你们吃饭，反正吃饭—开会、开会—吃饭，很热情。觉得烦了，我就给我同学打电话。我说老史啊，我到昆明来开会了，我想到你家坐一坐，想去吃米粉。他说好啊，欢迎啊，我早在报纸上看到你名字了。他说我今天晚上来，你等着，5：20不管你会散了没有，院子里喇叭一响你就下楼。我这个同学有一点身份，他是云南大学党委副书记。他说我那个吉普车你认识的，还是那个破车。我从5点钟就溜出会议室等着，一个耳朵听会，一个耳朵听下面喇叭响。5：20喇叭响了，我就下楼了，坐车来到我同学家。他刚刚分了四室一厅的房子，刚装修好。我一进门他拉着我的手说，这是我和老伴的卧室，这是我闺女的卧室，这是我的书房，你看看布置得怎么样，书架上还有花草，这是客厅，还有一间空着，你要是不愿意住宾馆，就住在这里。我跟他说好了，就弄碗米粉给我吃就行。

我同学的老婆是个很有本事的人，是云南省昆明市文化局长。他平时经常要吹的，跟老同学也要吹，说别看我老婆这个官比我小，她下面管了42个剧团。但是我们都知道她这个老婆还有一个本事，就是米粉汤做得很好吃，昆明人叫米线。我去了以后一尝，果然他的老婆做的牛肉汤米线很好吃。吃完米线，他家又走进一个人，是谁呢？是云南大学的民俗研究所的所长，来给我同学汇报工作。我同学就跟他说我有客人在家，明天再跟我来汇报，今天你坐下来一起聊聊。那个所长一听我的名字就问我在写什么。我就告诉他我正在写一本长篇小说叫《家教》。他问《家教》是写什么的？我说写一个上海高级知识分子家庭的四个子女的婚恋故事。他说你不要写这个，这个不好看。我看着他，心想这个所长有点怪，我刚刚认识他不到十分钟，他竟然教我怎么写小说。我说为什么呢？他说你还是要写知青，你那个《蹉跎岁月》写得很好。他说我是搞研究的，我不懂你们怎么写小说，但是我可以给你说一个故事，你听了后可能会有触动，会产生灵感。他给我讲了他带着一帮学生到西双版纳去采风的故事。

这帮学生当时去傣族当中去采风，住在景洪的招待所里。他们吃了晚饭以后，也不到寨子里面去，就在招待所里没事干。结果天天看到招待所院子门口站着一个中年妇女，穿的服装一看就是外来人的。因为在西双版纳傣族地区，妇女都穿裙子，很漂亮，男子汉穿的衣服也跟我们内地去的完全不一样。所以一看就知道她是大城市来的。这个中年妇女天天待在那里，这帮学生就觉得很怪。人家一般在西双版纳开完会，会安排一天游玩，要么走缅甸这条线，要么走老挝这条线，游完了以后，马上不是坐飞机，就是坐车子走掉了。这个女同志也不开会，整天在院子里干什么？学生们就去关心她，问她你有什么事情？这个女同志就讲了一个女知青的故事。

这个女知青是从北京到西双版纳去插队的。她到了西双版纳以后，大概是西双版纳的劳动太苦了，她就嫁了一个西双版纳的汉子，还生了一个孩子。但是到了1978年，这个女知青自己悄悄地考了北师大，一考考上了，录取通知书发来了。录取通知书一发来，她就跟她的丈夫摊牌了。西双版纳这个地方思想很开放的，人也很开明的。丈夫说你要去读书你就去，娃娃你要不要。女知青说娃娃我不能带，读书怎么能带娃娃，娃娃就留给你。然后她就离了婚走了。女知青到了北京读北师大，读了本科，又读研究生，毕业分配到一家研究院。再后来在北京城里又找了一个丈夫，生活过得很好，也分到了两室一厅的房子。应该说这位知青找到很好的归宿了，所有的事情都很好，但有一件事情不好。就是她跟现在的丈夫没有娃娃，没有孩子。没有孩子家里人就要关心，中国人都喜欢互相关心。就问他们，你们是怎么搞的，你们年龄不小了，不要一心想着事业，应该完成这个光荣任务了，现在提倡一辈子只生一个。过了一两年，那个关心的话就不大好听了，说你们是什么情况，是不是去医院检查检查。女知青不想去检查，于是她就说服自己的丈夫，说与其我们去领别人的孩子，不如我去把留在西双版纳的孩子接过来。她那个丈夫也是知识分子，很开明，就同意了。她就从北京飞到西双版纳，回到这个寨子。

女知青路也认识，寨子的名字也记得，但到了寨子上一打听她的前夫和孩子，所有的老乡都摇头说不知道。也许到缅甸去了，也许到老挝去了。她在西双版纳插过队，知道西双版纳一些风俗，但是有一个风俗她忘记了，西双版纳的傣族喜欢搬家。如果跟寨子里的人搞不好，等粮食收下来，挑一挑就走了，换一个地方去。傣族有一首歌，唱到生存状态的时候，说"人活到人世间来，要住一千个房子，要喝一万个水井的水"。不是说喝一个寨子水，从小喝到老，这是它的风俗。她找不到，找来找去找不到，西双版纳大大小小的镇都找遍了，找不到。她失望了，就住在景洪城里的招待所里，天天站在那里，碰到这帮云南大学的学生就讲了这一故事。这帮学生听了，回来就把故事天方夜谭一样地跟他们的民俗所老师说。老师一听就留下很深刻的印象。也刚巧在我同学家里碰到我，讲了这个故事给我，然后说，你说是不是觉得知青的故事好听？我很是高兴，我就跟老史说，我到你家里吃米粉吃好了，更主要的是你这个民俗所的所长讲的这故事，挑起我写作的想法来了，我要写一本新的长篇小说。他当场问我什么小说，我说《孽债》。

后来这个《孽债》电视剧播出后，很多人问我，叶辛你为什么要写《孽债》？你弄不弄得清楚，这个债是谁造的孽？我没有想过谁造的孽，我就是听故事，把在昆明的同学家里听的故事写出来。你想问谁讨债，我根本没想过要问谁讨债。要讲这个《孽债》怎么来的，就是这么个过程来的。没想到谁造的孽，问谁讨债。后来我还知道，这还不是一个人的想法，其他人也有这个想法。所以说长篇小说《孽债》的写作，就跟我刚才讲的小丁的故事，和同学家里听来的故事有关。当然我还听了很多这样的故事，在杭州、北京都听过。那年白岩松在西单图书大厦里面采访我，他说，叶辛老师我搞不明白，你小说里这个上海人怎么搞的，为了回上海老婆也不要，孩子也不要。我就说，白岩松，你年轻一点你不知道，我这个故事，其中有一个原形就是你们北京知青的故事。只不过我作为上海人，更加了解上海人的社会环境，所以我把小说写在上海知青的头上。小说一方面是语言的能力，另一方面是虚构的艺术。我可以搬来搬去，把其他地方知青的故事搬到上海知青的头上。

这个《孽债》电视剧要播时，果然因为这个名字出问题了。电视剧拍完了以后，审片也结束了。广电的一个领导跟我也蛮熟的，他年纪轻轻，去年去世了。他给我打电话，说叶辛你这个电视剧我们已经安排要播出了，1995年1月9号开始播第一集。现在有一件事要跟你商量，《孽债》这个名字不好，你有没有听到同志们的反映？他们普遍都在反映，叶辛写《孽债》意图何在？他要追究谁造的孽，他要问谁讨债？我看应该把名字改了，这是我们的一致意见。

局长亲自给我打电话转达的，肯定不是个人意见，肯定是和党委什么的讨论过，他们的一致意见是要改一个名字，我也不好意思说不改。我那个时候在作家协会当党委书记兼秘书长。我们上班的地方是一个花园别墅，但是办公的条件很一般的，我们七个人坐一个办公室，党组主席团都在一个办公室。天天上班的就三个人，但是放了七张办公桌。听这种电话是免提电话，都公放的。我就只好跟他说，如果你想出得比《孽债》更好的名字，我当然愿意改。他说我们已经想了，我们发动了全局上下处级以上的干部，他们很多人看过你小说的，没有看过你小说的我们也把故事给他们讲了，叫他们一起来给你起名字。总共起了四十几个名字，我们筛选了，最后剩两个，你挑一个。我说你说说看，最后两个肯定很好的。他说第一个名字叫"云海情缘"，云是云南，海就是上海，你写的故事就是孩子跟父母，就是云海情缘了，很切题的，你看怎么样？我又不好说不好，毕竟人家是局长。我就只好说，还有一个名字是什么呢？他说还有一个名字直白一点，通俗一点，但是我们听听也不错。我说你说说看。他说是"我的父母在上海"。他说完以后，我这不是免提电话吗？作协的副秘书长也在，他在那里听到了，就说了一句上海骂人的话出来。他大概是听不下去了，那个免提电话也把声音传过去了，我就不用表态了，他的态度已经很说明问题了。局长大概也听出来了，他说那你自己考虑一下，给我一个回应。我当然不同意了，但是也要给他们作一个回应的。过了两三天以后，这个领导自己没打电话，而叫办公室打电话过来问。说我们局长问你，你选定哪一个。我就说了一句，我也认真考虑了这两个题目，我不认为比我那个《孽债》好。结果他们也听了我的意见，播出时还是叫《孽债》。当然后面还有很多故事，我就不去讲了。这是我讲的第二部分，关于《孽债》我是怎么写出来的。

当然《孽债》也跟我们的青春岁月有关系。如果我是光听故事就能写小说那我一天到晚就到有故事的地方去就行了。我们反腐败的过程中有很多故事，公安局每天也会侦破抢劫案、杀人案、偷盗案，等等，但是不一定写得出来。为什么写不出来？这跟自己的经历有关系。我在贵州插队十年，这十年岁月，我经历了整个上山下乡的全过程，这个很重要。为什么？因为我知道1973年的知青想法是什么样，我也知道1975年到1977年知青是什么样，知青的思想有一个怎样的演变的过程。当你自己也是知青的时候，你就能感同身受，知识青年这个群体发生什么事你都会记在心里。所以这十年的插队落户生活对我很重要，尽管我自己身上没有像《孽债》《蹉跎岁月》这样的经历，但是当有这样一个故事框架的时候，我就会有一些想法。这个想法我最后会讲一讲是怎么形成的。

三、《客过亭》是怎么写出来的

第三部分就讲一讲第三本，也是最后一本和知青、和我们青春年代有关的书，叫《客过亭》，是怎么写出来的。

上午我在象山讲座，他们图书馆有那本书，因为《客过亭》不像《蹉跎岁月》和《孽债》改成了电视剧，大家都知道。它是作家出版社2010年出版的长篇小说，写的是知识青年步入晚年时的一些往事和故事。我怎么想起写这本书来，也很怪。2007年夏天的一个晚上，我妹妹给我打电话。她说我们一帮宣传队的老知青，想回修文县去一趟，想回自己以前插队落户的寨子去，你去吗？我从1979年回来以后，就没有回去过。2007年我妹妹也退休了，她已经当奶奶了，她说现在空闲下来了，想去当年插队落户的砂锅寨看看，36年没去了。我说你去啊，蛮好的。她说我们找了旅行社，也跟旅行社说好了，其中三天时间不要旅行社管，我们自由活动，自己去逛。

半个月以后，我妹妹回来了，回来那天晚上，她很激动地给我打电话，讲了半个多小时。她从来没给我打过这么长时间的电话。她说她们这一次活动，二三十个老知青开心得不得了。为什么呢？她又想起了三十几年以前，我们去的时候，怎么坐火车去，怎么到生产队，怎么劳动。她说我们虽然在上海每年也见一次两次，但是那种见面往往是匆匆忙忙吃个饭，讲讲你的女儿、儿子怎么样，就完了。这次有充分的时间，这些人讲了很多，这几十年来，从小姑娘、小伙子变成老头、老太太的过程。她讲了很多故事。还有一个收获是，回到砂锅寨那天，县里面也去了一个副县长，说来陪老知青看看。那个副县长还送给我妹妹一份礼物，什么礼物呢？修文县上海知识青年花名册，把我们462个上海知青在修文县插队的花名册复印给了我妹妹一份。她说我看着没有什么意思，你写小说的人拿去好了。我说："好的，你拿过来我看看。"

过了两天她叫我外甥拿到我家里，我从晚上8点多开始看，二十几页纸把462个上海知青的情况写得一清二楚，我一直看到半夜12点多。某一页上，某某毕业于上海某中学67届，上海家庭地址几路几号，现在在什么地方工作。某某现在旅居澳洲，某某现在下岗在家，某某在修文县游泳的时候淹死了，某某被汽车撞死了。一看到这里我就知道这个花名册肯定是上海知青被抽调到修文县时知青办搞的，因为它字体不一样。还有周某某，他父亲是上海市公安局职工（伪警察），我一看这个周某某，太熟了，跟我一个公社，老是跟我发牢骚。每次工矿来招工，学校来招生，知识青年都很起劲，都跑到公社去填表，争取有一个名额可以去读书。读不成书去当工人也行，当工人不行，哪怕就当一个营业员也可以。小周一拿到这个花名册就破口大骂，他说你看我父亲本来在上海公安局工作蛮好的，还要写上伪警察。这伪警察一写没人要我，为什么呢？他父亲是1949年元月，在上海市警察局（国民党的警察局）常熟分局做交通警，1949年5月上海就解放了，所以他父亲当了四个月的伪警察。伪警察就是一个污点，所以招工的不要他，招生的也不要他。有的时候他喝醉了酒就发牢骚破口大骂。还有一个女知青名字我不说了，她那时被推荐到当地工校读书，本人长得蛮漂亮，人家男孩子就追求她谈恋爱。那个时候读书不准谈恋爱，谈恋爱就会被开除。于是她被抓了现行，开除了。开除了回到生产队，本来肯定是很沮丧的，因为回到生产队，她还是知青，但她因祸得福到1978、1979年就又回到上海。因为当时如果她在卫校不谈恋爱好好地读书，读完了书一般可以分到修文县卫生局、公社卫生院工作，但如果有了工作就不好返城。所以每个人的命运非常跌宕。

为什么二十几页字我要看4个多小时，因为每看到一个名字我就想起当年他（或她）的样子，也想起今天他（或她）的样子。花名册上462个人，我当中大概认识一大半，他们聚会的时候也请我去，我也知道，当时小姑娘如花似玉，现在当老太太的时候是什么样子。当小姑娘是拖拖拉拉的性格，现在成了很厉害的老太太，看着看着，很感慨。我就觉得可以写一本书，就用我妹妹的形式，就用我妹妹他们宣传队的一帮知青约好了，自费回到当年的插队落户的乡下去的形式。

我到了上海以后，其实接触的知青群体很多，上海这个城市一共有110万上山下乡知识青年，全中国离开大中城市到乡下去的有1700万，再加上300多万的就地下乡。比如说象山中学毕业的，1966、67、68届的回乡知青就不统计在里面。只有像宁波、杭州中级以上的城市，上山下乡的人才统计。为什么？因为大中城市的知识青年要离开城市，要迁出户口到农村去，国务院对每个知识青年要拨安置费300块、400块，在本土、本县的回乡知青不拨钱。你回到你父母身边，还拨什么钱，你本来就是在这里读书，考上初中、考上高中的。回乡知青不算的。所以有两个数字，一个是两千万，这两千万就包括了所有的回乡知青。另一个是一般的知青史，说的是1700万。这1700万人的上山下乡，上海就有110万，这个110万上海知青到了今天，通过各种各样的渠道，基本都回到了上海。哪怕在外地工作了一辈子的，他也回来。为什么？他早几年就存了一点钱在上海买了房子，买了房子以后，等他退休再回来。这些知青回到上海以后，就是老年人当中的年轻人。上海在上个礼拜发布了一条消息，说上海已经成为老年化城市，全世界有一个标准，有20%的人口是老年人，就可以宣布为老年化城市。上海已经超过20%，在1400万上海户籍人口当中有433万是60岁以上的，这个是比例是30.2%。这个是国家和上海市政府公布的数据。这433万老年人当中，最大量的就是60到70岁年龄段的年轻的老年人，而且相当一部分就是当年的知青。

这些年轻的老年人现在很活跃。同在一个公社一起插队的要聚会，同在一个县插队的要聚会，黑龙江知青要聚会，内蒙古、新疆知青要聚会，聚会的时候还要做一面旗子，像搞运动会一样。新疆知青、黑龙江知青、江西知青的通讯录前几年给了我一本厚厚的，上面有家庭住址、家庭电话、个人手机、微信，样样都印好了。其中上海有一个梅龙镇，当时梅龙镇里有157个初中生，都一起到西双版纳去当了知青，并由这157个人组成了一个十八连。然后到了大返城的时候，157个人，除了个别死亡的以外，全部回来了。157个人当中产生了23对夫妻，后来这个十八连的人也写了一本书，书名叫《我们也年轻过》。书稿写成后，他们来找过我，说："请你给我们这本书写一个序，这不是正规的出版物，我们自己出钱印了1000册。我们一共才157个人，每个人拿几本送给亲戚朋友，记录我们曾经有过的这么一段经历。这本书也有它的特点，就是'我们不抱怨，我们不埋怨，但是我们也不歌颂，我们也不唱战歌'。"他们给我看的书的前言当中就写道："我们就老老实实写，我们当年是怎么去的，我们在十八连出了一些什么事，有过一些什么故事，就写出来，把它编成一本书。"我看了以后蛮有感触的，就给他写了一个序。

上海各种各样的知青有各种各样的故事。有一次我到南京去，南京的一个晚报主编给我打电话，是一个女同志，她说要采访我。我听声音是女同志，但走到我房间里来的是一个光着头的同志。再一听，一讲话，是电话里面的口音，我问："你的头发呢？"她说她没有头发。我说："你怎么没头发呢？"她说是因为闹革命闹的，她说："叶老师，我只有跟你说，你能理解。"她是到内蒙古去插队的，当地人就说你们城市里小姑娘们到这里放牛、放羊还要抹雪花膏，还要戴一个大草帽，这是资产阶级臭小姐、娇小姐的表现。她说自己那个时候要革命，要当贫下中农，要当革命的接班人。农民、牧民出工去劳动，不戴草帽。"我也不戴草帽。内蒙古的太阳很凶的，所以把头发都晒得没有了。我本来想掉光也不要怕，我要革命，以后会长出来的。"她现在干得也不错，晚报的副主编，副处级干部，但是头发不听她的话，不长出来。她一讲我很感慨，我看着她，然后接受采访。什么原因？知识青年有很多很多，你们想写小说，发动脑筋也想不出来的细节，只有经历过的人才知道。

还有一个女知青，是浙江嘉兴的。那个时候她在内蒙古一个兵团，她为了"闹革命"才跑到那个大草原。原以为绿色的草原有多美，结果日子不好过。她为了回来找了一个嘉兴的丈夫，有孩子了，有了孩子要回嘉兴生孩子。生了孩子，产假到了，农场叫她回去。她就寻找种种理由，找医生开后门开病假，过了四个月还是回去了，再不回去要被开除了。回到农场还在哺乳期，她跟我讲起这些细节来也很生动的。这种细节我体验不到的，她说胀奶的时候，那种感觉一辈子也不会忘。我想这个只有知识青年一代人才体验得到。

因为我对知识青年的故事听得太多了，我就想以我妹妹回归下乡的故事写一本书。但是如果出版社的老总问我，叶辛最近写什么？我说写一帮老知青回归插队的地方，社长和总编肯定说不要写，这个书肯定没有人要看。所以我要等，等找到一个跟小说有关的开头，2007年产生这个想法，2008年没有等来开头，2009年也没有等来开头，到2010年开头来了。到重庆去参加中国作协论坛会的时候，碰到《重庆晚报》一个叫张一叶的记者，这个记者很能干，他说："叶老师我跟你有缘，我是《重庆晚报》的记者，我姓张，叫张一叶。树叶的叶，你也姓叶，我们是不是有缘？"我说："有缘。"他说有一个故事，有一个老知青，很想见我，问我愿不愿见。我问："什么老知青？"他说："他已经肺癌晚期了，他平生有两个愿望，其中一个愿望，就是他在报纸上看到你在重庆开会的消息，想见见你。你愿不愿意见他一面？"我说："我愿意。""你愿意太好了，这个老知青身上有故事，去看他以前，我先把故事跟你讲一讲。"

这个老知青叫陈俊，是从重庆到西双版纳插队的知青。这个知青多才多艺，但是插队的时候，他表现不好，不爱劳动，整天把才艺表现在吹口琴上，他的口琴吹得很好，整天在裤兜里装一个口琴。在生产队里，他们这些重庆知青晚上没事的时候，经常会在一起评论哪个小姑娘最漂亮，评论后所有人都一致公认长得最漂亮的是赶场街上冰糕店里傣族姑娘依香娜。谁如果跟依香娜谈恋爱，那么这个人就是幸福的、浪漫的。有一天陈俊就信口说："你们相不相信我去把她要来？"这是重庆当地话，就是他要去跟她谈恋爱的意思。知青们说："那赌你五毛钱，你如果把她要过来，我们一人给你五毛钱，我们去打牙祭。"

陈俊这个小伙，人长得挺好的，就是吊儿郎当的不干活。那里的农民都很纯朴，很实在的。你天天劳动，就说你表现好，你不劳动就说你不好，所以觉得这个娃儿表现一点都不好。他心里想你们说我不爱劳动，我就不劳动，不出工我不要工分。就这样他每天跑到街上去掏出一毛钱，从依香娜手里买一个冰糕。冰糕买来一边吃一边嬉皮笑脸地看着人家。人家依香娜不理他，他吃完了冰糕就吹口琴。但是那个依香娜不理他，走到里面去不听了。

他坚持不懈，第二天又去了，又掏出一毛钱买冰糕。他心想我买冰糕你总得卖给我吧，你是卖冰糕的姑娘。买了冰糕又一边吃一边跟人家笑，人家也不理他。他天天这样去，30多天过去了，用了3块9毛钱，人家还是不理他，他还是坚持不懈天天去。农民就向公社汇报，这个陈俊的表现是最差的，天天不劳动，跑到街上冰糕店上去吹口琴。他也不理会，他要赚每个人的五毛钱。后来他的坚持不懈起效果了。这个冰糕店的其他阿姨有意见了，说依香娜你怎么想的，这个人天天来吹，吹得耳朵都起老茧了，你理人家一下吧，把道理跟人家讲清楚。依香娜她想想，这样下去也不行，其他人对她有意见了。那天陈俊又来买冰糕，她走出来了。她一走出来，他笑得更欢了。姑娘问他："你是哪里的？"他就说："我是××生产队的。"又问："你为什么不劳动？"他说："我就想来看看，我喜欢吃冰糕，买个冰糕吃，一边吃一边看你。看完吹吹口琴，很高兴。"依香娜说："你这样不行的，其他知青都在劳动，你也去劳动吧。"但是他还是不去劳动。后来，依香娜也被他搞得烦死了，就对他说："你真的要找我玩，那等到我休息的时候再来。"他说："那好，你说了就要算数，我改天来。只要你说了，我就回去劳动。"

他回去了，很勤快地劳动了。农民就说了，这个小陈开始变了，你看他天天在劳动。到了星期天赶场天，他换上干净的衣服，又跑去了，找依香娜玩了。这个依香娜没办法，16岁的傣族姑娘很质朴的。答应他，说要耍，怎么耍？就去赶场。用他们自己的话来说，谈恋爱是谈了，但是连手都没拉过。赶场时看到什么东西就问多少钱一个，没钱就问粮票换不换，什么事都没有的。再跑到江边看一看。有时候这个依香娜还把家里的自行车骑出来。一个骑着自行车，一个坐在自行车后面。后来公社里所有的知青都知道了，都说这个陈俊很有办法，把这么漂亮的姑娘要来了。大家都知道她在跟他谈恋爱，于是都拿出五毛钱来打牙祭，吃了一顿，陈俊把这么漂亮的姑娘要到手也很高兴。

几年过去了，知识青年大返城的消息来了。陈俊收到一封信，他父亲59岁，是重庆市民政局的普通干部，退休了，当时57岁以上三年之内临近退休的人都可以退休。那个时候上海也是这个政策，退休以后你的子女在农村可以顶替一个回来。这个叫顶替政策，是临时的，要办就得抓紧办。他父亲就写信告诉了陈俊，他一看到这个信，心早就飞到重庆去了。他在西双版纳这片土地上，劳动了这么长时间，心里也厌烦了。我在长篇小说里写过一句话，说西双版纳这个地方，作为旅游地区是很美的。但即使是今天，叫你去那里定居，去劳动、去生活，那又是另外一回事。知识青年当年就是这么一回事，我这句话也是把我的切身体会写出来的。他要回去了，就发愁了。他跟依香娜谈了这几年恋爱，人家对他也蛮好的，他怎么能说走就走了。那些知青看他发愁了，都知道他有办法可以顶替了。就说他："你到底想不想走？你想回重庆总有办法的。"他说："没有办法，我必须面对她，要跟她说，但我拉不下这个脸来。"为什么呢？冰糕店的位置在十字街头，所有赶场的人，无论是走着去的，还是坐着卡车拖拉机、公交车去的，都要路过那个冰糕店门口。"我肯定会碰到她的。"知青们说："只要你想走，我们给你想办法。"后来这个家伙在大家的帮助下，脚底抹油，一下子就走掉了。

依香娜已经习惯了每个星期陈俊会去找她，两人几个星期不见，她心里已经有疑问了。一个多月都不来找，她疑问大了，就问这些重庆知青："你们这个生产队的陈俊怎么不来了？"重庆知青就跟她说了："你不知道啊，他回去顶替他父亲了，早走了一个多月了。"听到这消息依香娜的脸色变了，她马上采取行动，雇了一辆马车到生产队去，到陈俊住的房间一看，除了床上的草什么都没有，桌子上放着他丢下不要的碗筷。依香娜把他所有的东西收到马车上拖回去，回到街上碰到重庆知青还说："他是重庆长大的，不习惯这里的生活，我能理解他。等他到重庆安定下来以后，叫他给我写信。"

　　知青把口信给陈俊带到了，说依香娜对他还是有感情的，叫他赶紧给人家写信告诉人家一声。但陈俊这个家伙就是不写信。他心想我好不容易回到重庆，得到一个安定的工作，成了重庆市民政局的干部。不写信还有一个原因，就是他又找了一个对象，这个对象也很漂亮，风格跟依香娜不一样，傣族姑娘依香娜是长得高高大大的，很漂亮，而陈俊现在的妻子是那种小家碧玉型的（后来我也见了）。

　　就这样，31年过去了。到2009年，出大事了，陈俊被查出肺癌晚期，医生说他没几个月可活了。其他知青都知道了，唯独他自己不知道医生已经给他下了判决书。他一辈子就当了一个普通工作人员。生了病整天吃不下东西，她妹妹是重庆人民医院的副院长，每天到家里给他打点滴。他有时候还要掉眼泪，跟他妻子说："我一辈子没做过坏事，我虽然没什么出息，连个副科级的官也没当过。但是我也没做过什么坏事，怎么这个病就找到我了？"然而他自己也感觉吃不下饭、睡不着觉，人瘦成一把骨头。妻子问："你到底有什么心事？"他说："我没有心事。我这辈子就做了一件对不起人的事。"他就跟他妻子老实交代了，说："我没有跟你讲过，结婚这么多年没有讲过。我跟云南傣族依香娜谈过恋爱，我想了一下，我对不起她。"

重庆有一个知青联谊会，都是老知青，听说陈俊生病也来看着他，给他留下一千块钱，表示一点心意。在送那些知青走的时候，陈俊妻子就问这些老知青说："你们插队的时候，是不是街上有一个叫依香娜的傣族姑娘。"重庆的老知青还想瞒着，她说："你们不要瞒了，是老陈跟我交代的，他都说了。"重庆知青说是的，当年陈俊有本事啊。他妻子就问："那你们有没有办法联系到她？我看他天天苦哈哈的样子，悔得不得了，就让他了却一个心意吧，让他俩通个话。"那些老知青是有办法的，不到一个星期就打听到了，说依香娜还在卖冰糕，不过不是在西双版纳街头卖冰糕。她在昆明市政府旁边开了一个冷饮店，据说是从石油公司退休以后，开了一个冷饮店，生意也不太好。得到了依香娜的消息，知青联谊会就派了几个重庆知青做代表，去探望她，一见面就互相认出来了，后来重庆知青代表问依香娜："你还记得陈俊吗？""怎么不记得，这个人没有良心的，不要提他。"这个知青就说："这个陈俊是不好，我们当年给你把话都带到了，他就是不给你写信，确实没良心，不过他现在很可怜。"依香娜一听他现在很可怜，就问怎么回事。老知青就告诉她了，一告诉她，这个依香娜马上显示出很同情的样子。重庆知青就试探地问她愿不愿意跟他通个话。她说可以啊，他生了这种病，那过去的事情就放到一边。再说依香娜自己也成家了，丈夫是一个教师。她一同意，现在通话很容易的，手机摸出来一拨就通了，拨到陈俊家里。他床头就有一个座机，电话接通开始讲话，这个电话不得了，讲了50多分钟。陈俊的夫人很高尚，很了不起，这边是重庆知青看着依香娜，那边是重庆知青看着陈俊跟他老婆。他老婆就说："我们到外面去坐，让他们两个通电话。"

两人的电话连续通了五天，后面四天都是每天超过1个小时，最后一天依香娜说："不讲了，我不跟你讲了。这样吧，明天我买一张票来看你。"不得了，她要来看他。这个消息像一个炸弹丢在重庆知青群体当中，重庆知青就说依香娜非常了不起，我们不能让她掏钱。知青联谊会资金虽然不多，她来回的飞机票我们买，到了重庆住好宾馆，我们掏钱，我们要让她把这个事情搞大。

结果真的把这个事给搞大了，知青是有点人脉的，这个事让重庆电视台听到了。电视台说这个故事好啊，不要你们出钱，我们电视台出钱，宾馆和来回飞机票的钱我们来出，然后拍一个专题片，讲依香娜和陈俊连续31年的爱情。"重庆知青哥和傣族冰糕妹"，那个名字是这样的，从飞机机窗门打开走出机场到陈俊家里，一直到病床见面全程拍下。这也是陈俊的一个心愿。他还有一个心愿是想见见我，我就去见他了。我只带了一千块钱，然后我托他们重庆电视台和报社买了一本《孽债》，把一千块钱夹在里面看他。看见他时，他已经瘦得一塌糊涂了。他说："我两个心愿也完成了。"他是断断续续说的，说了一个什么意思呢？大致意思说："我跟依香娜之间是很纯正的感情，我们之间说是谈恋爱，但连手也没拉过，碰也没有碰过，就是心理的一种愿望，所以我不敢写信。"表示他是好人。我也知道他是好人："你良心很好。"我就告诉他："我说你挺幸福的，桃花运好，两个长得这么美的女子都对你这么好。"我也夸他现在的夫人。我到他家去，他儿子很好玩，叫我叶叔叔，说："你要不要看依香娜？"我说："可以啊。"其实重庆电视台已经给了我一个录像带，我电脑里都有了。这就是我在2010年去重庆开会时听到的知青故事。

我不是一直在等《客过亭》的开头吗，这个开头就这样来了。我想这个故事虽然发生在重庆知青身上，我把它搬到上海知青身上不是又是一个故事吗？所以《客过亭》开头写的就是这个陈俊和依香娜的故事。当然，这样的故事，我在《客过亭》里写了6个，一帮老知青每人都有心思，都带着自己的心思回故乡。《客过亭》很快就写出来了，书是2011年年底出的，但是作家出版社说年底出书不好，这本书（版权页）印的是2012年1月出版。我说："你们不是12月底就印出来了，为什么要标这个时间？"他说："叶辛老师，你不知道，现在这个市场很怪，你标了2011年，2011年12月一过就是2012年了，人家读者一看，这是去年的，就像是卖不掉的书，读者不来买。"我也同意了。实际是2011年12月出版的。

书出版后，我马上给《重庆晚报》的记者张一叶打了一个电话。我说："《客过亭》出书了，你到重庆新华书店找一找，我已经关照作家出版社给重庆新华书店发一批书去。"张一叶说："叶老师，来不及了，陈俊8月已经去世了。陈俊去世前，说他了却了两个心愿，第一个是他跟叶辛终于说了，他和依香娜之间是纯正的感情，不是孽债。第二个是依香娜最终原谅他了，还对他这么好。"

这就是我写作三部与知识青年命运有关的书的过程。《蹉跎岁月》写当年知青在农村插队，《孽债》写知识青年人到中年以后碰到的困惑，《客过亭》写的知青一代人步入晚年的故事。很多人问我，包括洋人也问我，当过知青的人很多，知青当中的作家也很多，你为什么盯着这个知青题材不放呢？我就说了下面的话：知青一代人的青春岁月，是我们这一代人的特殊记忆。这个青春岁月之所以难忘，是因为它使得我们认识了中国的农村，认识了中国的农村，就会更好地认识中国的城市。一代人的命运，两副目光。一副目光用城里的眼睛看待偏远的山村，看待西双版纳、东北大地、内蒙古草原。另一副目光是你在那个土地上生活过以后，你回归到都市后，你再看城市的感觉就会不一样。两副目光照下来，经常会给我带来创作上的灵感。

1998年广东一家出版社出版过我的知识青年七卷本的全集。当时他们让我给这七本书起一个统一的名字，我就用了"一代人的青春"这样的名字。这一代人的青春之所以难忘，就是因为它有故事，有落差。有的人说这是迷离的青春；有的人说这是一辈子陷在知青的往事岁月当中，走不出那条青春的河；有的人说知青岁月虽然艰难，但是对于人生来说它是难忘的。我们知青一代人出了很多干部，党政军领导层里当过知青的也很多，他们也是在城市和乡村这两级之间认识中国的。这一代人有他们的青春，这个青春还是值得怀念的。

　　我想我今天下午就讲到这儿，谢谢大家。

（根据2016年4月1日的讲座录音资料整理）

学贯古今　纵横中西
——宁波籍国际法学家吴经熊的传奇人生

□ 吴波尔

主讲人简介: 吴波尔,吴经熊孙女,民革党员,1966年11月—1980年8月支边于新疆军区生产建设兵团(历任广播员、文宣队员、文书、教师等),1980年8月调回宁波先后任教师及教育管理干部。

其祖父吴经熊(1899—1986),国际著名法学家,法学博士,国民党政要。浙江宁波人,1916年入上海沪江大学学习,后转入天津北洋大学,1917年入东吴大学法科学习。1920年赴密歇根大学法学院学习,1921年获法学博士学位,后赴巴黎大学、柏林大学、哈佛大学访学。1924年回国,任东吴大学教授、上海公共租界工部局法律顾问,1927年任上海公共租界临时法院法官、东吴大学法学院院长,1928年任立法委员、司法院法官,1929年任上海公共租界临时法院院长,1933年任立法院宪法草案起草委员会副委员长,1945年任国民党第六届后补中央委员,1946年任政治协商会议宪章审议委员会委员、中华民国驻罗马教廷公使。20世纪60年代由美国赴中国台湾定居。

大家下午好！首先非常感谢鄞州区图书馆明州大讲堂给我提供了
这么好的一个平台。在会场，我看到来自社会各界的朋友，有鄞州区委
统战部台办的领导，有民革支部的领导，有万里学院的老院长、教授，
还有前面的年轻朋友。当然，更多的是我不曾相识的宁波鄞州区的市民
朋友们。在凉风习习、秋高气爽的大好时光里，你们没有选择出去旅
游，而是选择到这里来听讲座，让我很受感动。为此，我向各位的到来
表示热烈的欢迎和衷心的感谢！

　　我爷爷的人生历程非常复杂，经历非常多，经常每年甚至每几个
月都会有很多新的故事，所以我以他的人生历程为主线来讲。首先，我
给大家讲一下，为什么会讲这个主题。

　　2017年8月2日，我随宁波市台联到台北参加"台北—宁波同乡会"
成立70周年纪念大会。台北宁波同乡会成立70周年，这次活动搞得非
常隆重。在会议期间，我抽出时间，探望台北阳明山我小叔叔，在他那
里我拿到了《超越东西方》这本书。

　　《超越东西方》是我爷爷的自传，在1951年已经完成初稿，是用
英文写出来的。1951年首先在美国纽约出版。出版之后，反响非常大，
很多人觉得这本书非常有价值，后来相继被翻译成法文、葡萄牙文、
荷兰文、德文以及韩文。台湾繁体字版是今年刚刚出版的，七月在台北
举办一个新书分享会，今天下午在高雄举行第二次新书分享会，本来
对方邀请我去参加高雄的新书分享会，但这次参加新书分享会的大多
数都是来自欧洲的学者，我不懂外语，没有办法和他们交流，所以我
就谢绝了。

　　下面我就随着我爷爷的人生历程给大家介绍一下。

　　我爷爷的家庭富裕。爷爷的父亲（我的太爷爷）1847年2月13日
出生于宁波，接受过三年的私塾教育。当年的私塾教育很严厉的，先生

手上拿着一块板子，你学得不好，是要打手心的。太爷爷从来没有被先生打过一次。后来做学徒，再后来成了米商。40岁以后，他成为一个银行家，是一家本地银行的总经理，他还担任过当地商会的首任主席。太爷爷一生为别人做过许多好事，比如说他为一个还不起债的穷人还债，为一个失业的老百姓四处奔走找工作，把工人组织起来创办企业，掏自己的腰包来调解别人的债务矛盾等。他还做过一件大事。1898年，宁波经历了一个荒年。他把所有存银行的钱都提出来，到产米区，把大米采购过来，然后又以非常公道的价格把这些米卖给宁波的老百姓，帮助很多老百姓度过了饥荒。这些我们可以在宁波的历史资料中看到。我看了以后也非常感动。

◀台湾版《超越东西方》封面

我爷爷四岁的时候，他的母亲（我的太婆）就去世了。后来，我爷爷也忘记了自己母亲的模样，也没有留下一张照片。当时，我太爷爷家里很富裕，太婆的葬礼搞得很隆重。我爷爷只记得他母亲脚上穿着一双非常漂亮的绣花鞋。我爷爷很好奇，他摸着母亲的脚，好像觉得母亲是去参加别人的婚礼，因为小时候只知道去参加婚礼的时候要穿得很漂亮。若干年后，他写了一首怀念母亲的诗。诗文是这样写的：

　　　　母亲生我时，
　　　　方才二十六岁。
　　　　我出生四年后，
　　　　她就撒手归西。

　　　　她的形容没有
　　　　在我脑海留下痕迹。
　　　　我常常在夜深深时
　　　　暗自哭泣。

　　　　但我永远难忘
　　　　那么一天，
　　　　她被人们扶着
　　　　进行最后的打扮。

　　　　我又是怎样牵着

她长袍的裙摆，

我是怎样地以为

她是去参加婚礼。

下面还有，我就不念下去了。从这首诗当中，我们不难看出他对母亲的深深怀念。

我爷爷于1899年3月28日（阳历）出生于浙江宁波。1905年我爷爷6岁时读私塾，开始接受传统教育，1907年8岁时上翰香小学。之后上宁波效实中学，我们家四代人都是在这个学校读高中。

效实中学百年校庆时出了一本很厚的校刊，介绍学校的基本情况。在效实校友之港澳台及国外系列的重要名人中，第一个就是吴经熊。我爷爷在效实中学读的是理科，他学习成绩非常好。1916年，他考上上海沪江大学，继续学理科。有一次我爷爷在上化学课时到实验室里做实验，由于设备原因发生了爆炸。尽管我爷爷没有受伤，但也受到了惊吓。当时学校对事故并不重视，第二天另一个班做化学课实验时，同样又发生了爆炸，有位同学的眼睛失明。这个事故对我爷爷的打击特别大，当时的思想波动非常激烈，他的同窗好友徐志摩跟他说，我们还是改学科吧，我们一起到别的学校去读书。我爷爷听从了徐志摩的建议，不久之后他转入天津北洋大学的法学特科班就读。从这个时候起，我爷爷的学习从自然科学转到社会科学。这是他人生的一个重要转折点。1917年，我爷爷又转学到上海东吴大学法学科学习。受东吴大学法学院教务长兰金（兰金是东吴大学法学科的创办人）的影响，他对《圣经》有了很大的兴趣，不久就接受教堂的洗礼，成为一名基督徒。

◀吴经熊照片

　　这是爷爷年轻时候的样子。照片介绍写的是"青年才子吴经熊，1918年摄于上海"。这时他在东吴大学读法学，是比较帅的男孩儿。1920年，我爷爷获得了东吴大学法学学士学位。8月，他就负笈美国，到美国密歇根大学法学院攻读法学硕士。1921年3月，他就开始发表关于中国古代法典以及中国法律思想原始资料的论文，这也是他进行法学研究的开始。在美国密歇根大学学习期间，我爷爷同时学习了政治理论、宪法、国际法、罗马法和法理学等五门课程，学习特别刻苦，成绩优异，五门课程全部获得了"A"评价，达到了密歇根大学的博士学位授予标准，因此获得了法律博士学位。

1921年秋季，他获得了卡内基国际和平基金会的奖学金，转赴欧洲留学，到法国研究法律哲学和国际公法，在此期间，用法文撰写了三篇论文《国际法方法论》《成文国际法》《论自然法》。1922年，他再次获得了卡内基国际和平基金会的奖学金，又到德国柏林大学研究哲学和法理学，师从于鲁道夫·施塔姆勒。鲁道夫·施塔姆勒是德国近代最杰出的法学家之一。

1923年3月，我爷爷在《密歇根法律评论》（*Michigan Law Review*）上发表了一篇引起法学界轰动的论文。在这篇论文中他把霍姆斯的思想和施塔姆勒的思想作了对比。我爷爷发表的这篇论文受到他们两个人非常高的评价，大加赞许。从此，学术界对我爷爷刮目相看。1923年秋我爷爷又回到美国，他以研究学者的身份到哈佛大学追随罗斯科·庞德研究比较法律哲学。同年12月，他到华盛顿与80多岁的霍姆斯正式会面，这是通信两年之后的第一次见面。1924年，在《伊利诺大学法律评论》（*University of Illinois Law Review*）上发表了《罗斯科·庞德的法律哲学》一文。同年夏季，我爷爷返回中国，出任东吴大学法学科教授，讲授法学、哲学和政治学。1925年，德国法学家施塔姆勒出版了《正义理论》一书，收录了我爷爷的作品《施塔姆勒之法律哲学以及批评者》。同时，我爷爷还发表了《心理法学的问题和方法》。

1927年元旦，我爷爷出任上海公共租界临时法院民事庭的推事，在上海商报上发表了《三度论》。同年3月16日又被任命为东吴大学法学院院长。1928年春天，在《上海水星报》的报道中被誉为判决宝座上的"所罗门王"。同年，被南京国民政府司法部任命为编订法典委员会委员，主要担任民法的起草工作，后又出任司法部的参事。同期，他出版了自己的第一部法学著作《法学论丛》。1929年8月23日，他正式担任上海公共租界临时法院代理院长兼上诉院的院长。我给大家看看他当时的样子。大家看看，戴着法官帽，这就是1929年的时候，他在上海公共租界临时法院当首席大法官，非常年轻。同年，我爷爷受邀出国，任美国西北大学法学院罗森泰讲座的特约法学教授。

这里我给大家念一篇在书本上记载的文字。

1929年12月28日，黄埔江畔寒风袭人，东吴法学院的全体学生齐集码头，立雪情深，去思依依。东吴大学校董会董事长江长川先生与法学院的教师职员等，一起登上了停靠在岸边的克里夫兰总统号邮轮，与一位法学家热烈地握手送别。邮轮届时起航，只见鞭炮声里，微波荡漾，汽笛一鸣，这位法学家满怀眷恋之情，扬巾分袂。此行是由于哈佛大学和西北大学频电敦促，他以谊不可却，并想藉此弘扬本国文化，而前往这两校掌教讲学。他是我国受聘哈佛任教的第一人，又是继剑桥大学霍兹沃思教授和国际法院波特曼法官之后，担任西北大学罗森泰讲座教授的第三人。独享此种无上殊荣的这位法学家当时年仅30岁，他就是吴经熊博士。[①]

我刚才说都是邀请去的，"频电"就是频频发电报过来，一次一次地催请他去。他这个人很有义气，说要把中国的东西带到国外去宣传，他就是抱着这样的目的，答应了美国的邀请，到了哈佛大学和西北大学做教授。他是我们国家到哈佛大学任教的第一人。这也是非常不容易的。

① 东阳生.超越东西方:法学家吴经熊[J].鄞州文史,2006(1):31-38.

▼ 1929 年担任首席大
法官的吴经熊

NOTED CHINESE JUSTICE to lecture in this country.
Judge John C. H. Wu, president of the appellate division of
the special provisional court of Shanghai, China, who soon
comes as Julius Rosenthal Foundation lecturer at the North-
western University law school. Judge Wu, considered one
of the foremost law students and interpreters of oriental
philosophy in the world, will deliver lectures on "The Spirit
of Chinese Law."
《Underwood & Underwood》

　　1931年，九一八事变爆发，日本侵华开始。1932年1月，我爷爷又返回中国。这时南京国民政府请他担任1932年4月的国难会议的代表。1933年，孙科邀请他出任立法委员，担任宪法草案起草委员会代理委员长，主持起草《中华民国宪法》。6月，他以个人名义发布了著名的《中华民国宪法草案初稿试拟稿》，又称《吴氏宪草》。

　　1935年5月，他与林语堂、温源宁共同在上海创办了《天下月刊》。

《天下月刊》是当时很有名气的一本英文刊物，他担任刊物的总编。《天下月刊》发表了很多有关法律、宗教、哲学、文化、人生等各方面的文章，也发表了他和霍姆斯之间的书信来往。

1936年，我爷爷和华懋生共同编辑出版了一本《法学文选》。1937年7月7日，七七事变爆发，抗日战争全面打响，爷爷避难于上海奉贤的同学家里。1938年，全家移居香港九龙避难。在香港，他还在继续工作，继续出版《天下月刊》。1942年，应国民政府外交部傅秉常的邀请，前往重庆担任国民政府立法院外交委员会的主任委员。当时由于四处避难，家里什么都没有，生活很困难，他就接受了蒋介石和宋美龄以及神父方豪的资助。当年11月1日开始，他以文言文的形式，新译《新经全集》。1944年，由于在翻译的过程当中感到资料不足，他就亲临梵蒂冈，向罗马教廷圣经委员会的专家去求教，同时担任了中华民国驻罗马教廷的使节。1945年春天，以中华民国代表团法律顾问的身份出席了在旧金山召开的联合国成立大会，并担任《联合国宪章》中文本起草委员会的主席。8月，当选为国民党第六届候补中央委员。1946年，当选为政治协商会议宪草审议委员会起草小组成员。同年夏季，全家回到上海，他参加《中华民国宪法》的正式起草工作。9月8日，又被正式任命为中华民国驻罗马教廷公使。梵蒂冈是世界上最小的独立主权国家，它四面都与意大利接壤，所以称为国中国，同时也是全世界的天主教中心，是以教皇为主的罗马教廷所在地。

1946年12月7日，全家除长子外，我爷爷奶奶带十二个子女乘轮船，于1947年1月21日到达罗马，在海上走了32天。这里我插一句，1966年我到新疆支边，也坐了15天的绿皮车。所以说，当时我爷爷从上海到意大利，走了32天，我觉得并不稀奇。

1949年2月，我爷爷奉时任国民政府行政院院长孙科的命令回国。

1949年7月，他受聘去美国出任美国夏威夷大学中国哲学与文学的客座教授。

1951年4月，在美国出版英文自传《超越东西方》，后被翻译成多国文字出版。1961年又到美国新泽西州西东大学（Seton Hall University）任教授。1965年赴台湾，撰写孙中山传记。1966年5月，担任"中国文化大学"哲学教授。1968年正式定居台湾。后来尽管他年纪慢慢大了，但仍然不断地写书、写文章、写论文。

我爷爷的一生充满了传奇色彩，是近代中国法治建设的亲历者和重要推进人，他几乎获得了一个法律人能拥有的所有机遇与最高荣誉。

我今天给大家讲这个主题的目的只有一个，就

▼ 1946年于上海拍摄的全家福

是通过我爷爷的传奇人生，给大家传播正能量。在当时的社会背景下，他能够拥有这么高的学问，能够研究出这么多东西来，主要在于他不辞辛劳求知探索。他曾在一年里多次往返于美国、德国、法国、意大利、瑞士等国家，风尘仆仆，马不停蹄。尽管生活颠沛流离，他仍写出那么多的东西，他一直都是非常艰苦地在学习研究。他1921年和美国人打交道，1922年和法国人打交道，1923年和德国人打交道，他都能够和他们用他们的语言能交流，并且用英文、法文、德文写出那么多的论文。别人称他为"天下奇才"，是名副其实的。我作为他的孙女，感到不可思议。所以我们要学习他那种不辞辛劳、马不停蹄、勤奋刻苦、孜孜不倦的学习精神和学习态度。

▼1950年任教于檀香山夏威夷大学的吴经熊

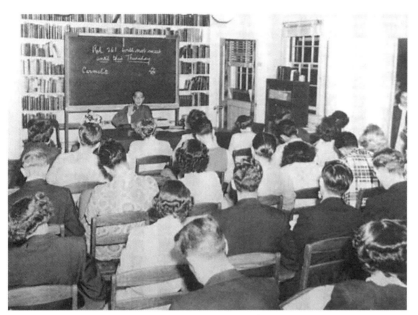

▲ 1950年任教于檀香山夏威夷大学的吴经熊

　　我今天想要讲的还有很多，但来不及讲，不好意思，我没有经验。爷爷他懂那么多国的语言，我连普通话都讲不好，连我们国家的拼音都学不好，所以感到非常内疚，也非常抱歉。今天下午，大伙儿能够坐在这里，听我这样一个普普通通的人的讲座，我非常感谢也非常高兴，谢谢大家！

（根据2017年9月16日的讲座录音资料整理）